HEYNE FILMBIBLIOTHEK

HANS
MOSER

Seine Filme – sein Leben

von KARIN WICHMANN

Originalausgabe

WILHELM HEYNE VERLAG
MÜNCHEN

Herausgeber: Thomas Jeier
Redaktion: Bernd Eckhardt

Die Autorin dankt Herrn Dr. Josef Schuchnig,
Österreichisches Filmarchiv, Wien.

Umschlagfoto: Stiftung Deutsche Kinemathek, Berlin
Rückseitenfoto: Archiv Deutscher Fernsehdienst/
Peter W. Engelmeier, München
Innenfotos: Autorin; Süddeutscher Verlag, Bilderdienst, München;
Stiftung Deutsche Kinemathek, Berlin; Archiv Deutscher Fernsehdienst/
Peter W. Engelmeier, München
Umschlaggestaltung: Atelier Heinrichs & Schütz, München
Printed in Germany 1980
Druck und Verarbeitung: Ebner Ulm

ISBN 3-453-86028-4

Inhalt

Vorwort

Das Komische an diesem genialen Komiker war, daß er eigentlich so gar nicht auf Komik aus zu sein schien. ›Er zeigt sich nie bumsfidel oder lustig. Er spielt eher den Unlustigen. Er ist grantig. Er macht den Mürrischen. Er erweckt im Zuschauer die reinste gute Laune, während er selbst den Mißlaunigen darzustellen scheint. Die Heiterkeit hat paradoxe Wege. Hans Moser erzeugt Humor durch scheinbar konsequente Humorlosigkeit . . .‹ Das schreibt der Berliner Kritiker Friedrich Luft in seiner Würdigung zu Hans Mosers 80. Geburtstag in der *Welt* am 6. 8. 1960.

Nicht immer stieß Hans Moser auf so begeisterte Kritiker. Er war bereits an die 50 Jahre alt, als seine eigentliche Karriere begann. Nach eigenen Aussagen drehte er über 150 Spielfilme.

Verständlich wird sein oft wahlloses Akzeptieren von Rollen – wenn man das Leben dieses Mannes betrachtet: Er war voller beruflicher und menschlicher Enttäuschungen.

Als Hans Moser nach so vielen Jahren offizieller Fehleinschätzung doch noch als Greis zu offiziellen Ehren kam, sagte der 81jährige bei der Verleihung der ›Kainzmedaille‹ lakonisch:

»Man muß der Gnade teilhaftig werden, ein hohes Alter zu erreichen, dann kann man auch als Schauspieler zu hohen Ehren kommen!«

Die langen, bitteren Jahre

Als Hans Moser am 18. Juni 1964 in einem Mehrbettzimmer des Wiener Hanusch-Krankenhauses starb, geschah das nicht hinter den Doppeltüren eines teuren Erste-Klasse-Zimmers. Nur durch einen Wandschirm von anderen Todkranken getrennt, ging der 83jährige in die Ewigkeit. Im Sterben mit den Menschen zusammen, die er ein Leben lang dargestellt hatte: den Armen und Getretenen. Warum ein Mann, der Millionen auf seinem Konto hatte, sich im Angesicht des Todes in ein Zimmer dritter Klasse legte, wird sein Geheimnis bleiben. So wie es auch zu Lebzeiten seine Kunst war, andere über die Person Moser immer im unklaren zu lassen. Keiner wußte je, ob er freundlich war, wenn er grantelte, oder grantelte, wenn er freundlich schien.

Geboren wurde dieser große, unvergessene Volksschauspieler am 6. August 1880 im Haus Rechte Wienerzeile Nr. 93. Sein wirklicher Name war Jean Juliet. Der Vater, ein Bildhauer ungarisch-französischer Abstammung, war nicht besonders glücklich über seinen Sprößling. Denn Jean, den die Mutter Hansi nannte, war ein schmaler, blasser Bub. Kein Sohn, mit dem man ›Staat‹ machen konnte. Der Vater wollte einen kräftigen Lausbuben, der mit Altersgenossen raufte, statt ihnen aus dem Weg zu gehen. Aber Hansi schaute lieber den Gauklern zu, die im Sommer durch die Stadt zogen, als sich im kindlichen Kräftespiel mit anderen zu messen.

Der Vater, der seinen Lebensinhalt im Beruf des Bildhauers sah, wollte natürlich, daß der einzige Sohn in die gleichen Fußstapfen treten würde. Aber Jean-Hansi haßte die kalten Marmorblöcke, den glitschigen Lehm, die groben Meißel. Von seiner Mutter, einer theaterbegeisterten Wienerin, hatte er den Hang zum Leichten, Spielerischen geerbt. Die Lust am Verkleiden, am Verändern, ohne sich aber zu verstellen. Der Junge haßte es, stundenlang über Schulheften zu sitzen. Das Büffeln war ihm eine Qual. Lieber trieb er sich auf dem nahe gelegenen Naschmarkt herum. Der Platz faszinierte den unruhigen Buben: Ein Ort voller Wiener Typen, wie sie Nestroy und Horváth nicht besser hätten erfinden können – Wirte, Besoffene, Greißler, Standlerinnen, Verlorene, Träumer. Menschen, die es ins Freie drängte, weil sie es in ihren oft so furchtbar armseligen Behausungen einfach nicht mehr aushielten. Ein Platz, der für Menschen Mittelpunkt war, die Moser später in seinen Sketchen und Rollen immer wieder nachzeichnete: Die Nörgler und Beißer, die ewig Zukurzgekommenen. Figuren zwischen Komik und Tragödie – über die man lacht, auch wenn ihnen zum Heulen ist.

Als der Bildhauer Juliet einsehen mußte, daß keine Macht der Welt den Sohn in seine Werkstatt bringen konnte, steckte er den Buben in eine kaufmännische Lehre bei einem Lederwarenhändler.

»Er soll etwas Ordentliches lernen«, meinte der Herr Papa und sprach dem Sohn jede künstlerische Ader ab, nur weil Hansi seinen Lebenszweck nicht darin sah, einem Marmorblock Leben einzuhauchen. Als der 15jährige sagte, daß er viel lieber zum Theater gehen möchte, als in einem muffigen Kontor zu vermodern, setzte es als Antwort eine saftige Watsch'n. Und die Mutter wurde streng ermahnt, dem Buben nie wieder Geld für den Besuch des Burgtheaters zuzustecken.

Hans Moser hat später erzählt, der Vater sei eigentlich daran schuld gewesen, daß er jahrelang so wenig Selbstvertrauen hatte und sich immer im Abseits fühlte.

Moser: »Er hat immer gelacht, wenn ich ihn mit ernsthaften Argumenten überzeugen wollte, daß ein Mensch in einem selbstgewählten Beruf glücklicher ist als in einem erzwungenen. ›Schau, Jean‹, hatte der alte Juliet gesagt,

›mit dieser piepsigen Stimme und den winzigen Füßen und Händen kannst höchstens als Clown oder Zwerg gehen. Aber doch nie als Don Juan oder Wallenstein.‹«

Auch bei seinen beiden Schwestern fand Moser kein Verständnis. Die Geschwisterliebe ging zwar so weit, daß der Bruder gedeckt wurde, wenn er mal wieder, statt über seinen Büchern, auf der Theatergalerie saß. Aber die Nöte, unter denen er litt und das Geducktwerden, mit dem er aufwachsen mußte, verstand niemand. Immer mehr wurden dem Jungen die Tage im düsteren Lederwarengeschäft zur Qual. Seine Fantasien, seine Wünsche und seine Träume fanden keine Erfüllung.

»So will ich mein Leben nicht gestalten«, offenbarte sich Hansi seiner Mutter. »Lieber werde ich Provinzschauspieler und verhungere, ehe ich als wohlhabender Lederwarenhändler sterbe.«

Was keiner wußte, nicht einmal die Mutter: Von seinem schmalen Taschengeld nahm Moser heimlich Schauspielunterricht. Neben den großen Künstlern, die er bewunderte, gab es an der Burg einen Schauspieler, der ihn in seiner stillen, menschlichen Art tief berührte. Das war Josef Moser, der zur Elite des Burgtheaters gehörte, obwohl er ›nur‹ Nebenrollen spielte. Jean Juliet bat diesen Mann, der auch Schauspielunterricht gab, ihn als Schüler zu nehmen. Und erstmals traf der unverstandene Hansi auf einen Menschen, der ihn nicht wegen seiner piepsigen Stimme oder des schmächtigen Körperbaus verlachte. Josef Moser versuchte, neben allen anderen Dingen, die er seinen Schülern übermittelte, vor allem dem jungen Juliet Selbstbewußtsein beizubringen: das Gefühl für die Persönlichkeit und den eigenen Stellenwert. Aus Dankbarkeit zu seinem Lehrmeister beschloß Jean Juliet, sich später auf der Bühne Hans Moser zu nennen.

Als die heimliche Schauspielausbildung beendet war, schrieb er dem verhaßten Lehrherrn auf einem Pappkarton seinen Abschiedsbrief:

›S' lederne G'schäft mit dem Leder
wird mir von Tag zu Tag öder!
Pfüat enk Gott, alle mit'nander,
weil ich zum Theater jetzt wander!‹

Der Vater tobte. Er war nicht gefragt worden, er wurde lediglich vor die Tatsache gestellt, daß sein Sohn eine erwachsene, eigenständige Entscheidung getroffen hatte. Juliet sen. fühlte sich hintergangen. Er drohte, den Junior zu enterben. Es half nichts. Der 19jährige, der nur noch Hans Moser heißen wollte, war endlich sein eigener Herr.

Moser: »Ich will Hans Moser heißen, damit sich der Herr Papa nicht schämen muß, wenn er meinen Namen auf den Theaterzetteln immer ganz unten sieht. Denn für ihn ist ein Julier immer ganz oben.«

Der junge Mann, der sich zum Schauspieler berufen fühlte, ging in die Provinz, voller Tatendrang und Begeisterung. Sein erstes Engagement bekam er in Friedek-Mistek an der Ostrawitza. Der Fluß trennte die beiden Städtchen, so lag Friedek in Österreich-Schlesien und Mistek in Mähren. Es war nicht einmal Provinz, sondern ein Ort, an dem sich wirklich Füchse und Hasen gute Nacht sagen. Moser, zwar nur als Zuschauer an Theater wie die Burg gewohnt, bekam den ersten Schock, als er feststellen mußte, daß die Bretter, die doch die Welt bedeuteten, in diesem Fall in einem umgebauten Wirtshaussaal lagen. Auf dem Theaterzettel, der am Eingang aushing, suchte er vergebens nach seinem Namen. Der Empfang beim Herrn Direktor entmutigte ihn vollends. Denn dieser selbstherrliche Mann leugnete glatt, jemals mit einem Kabel die Verpflichtung eines Hans Moser aus Wien bestätigt zu haben.

Doch Moser blieb. Er wollte sich selbst beweisen, daß auch Demütigungen und Arroganz nichts an seiner Hingabe zur Welt des Theaters ändern konnten. Der junge Hans Moser, der sich als jugendlicher Liebhaber oder anderer Held gesehen hatte, trat nun im Chor auf, machte Statisterie, schleppte beim Umbau die Kulissen und kochte Kaffee für die ›ersten Kräfte‹ am Ort. Er war auch hier nichts weiter, als im Wiener Lederwarengeschäft – der Laufbursche. Doch Moser beklagte sich nie. Seiner Familie daheim schrieb er von den Rollen, die er bekam, von der Begeisterung des Publikums, den guten Kritiken, die man ihm gab. Dieses Privattheater spielte er nicht, um anzugeben, wie er später erzählte: »Ich wollte denen doch keine Sorgen machen.«

Mit den 30 Gulden, die er verdiente, konnte Hans Moser mehr schlecht als recht leben. Aber er gab nicht auf. Auch dann nicht, als die nächsten Engagements in Laibach, Ungarisch-Hradisch, Czernowitz und Cilli eigentlich noch lausiger waren als das vorherige. Kein Theaterdirektor schien wirklich eine echte Verwendung für ihn zu haben, niemand die Begabung in ihm zu sehen, die es rechtfertigen würde, den ehrgeizigen Unbekannten aus dem fernen Wien auch mal allein vor die Rampe treten zu lassen.

Moser wurde weiterhin in die Statisterie abgeschoben, mußte Koffer und Kulissen schleppen. Wenn er einmal einen Satz sagen durfte, empfanden das die Herren Direktoren schon als eine persönliche Auszeichnung.

An der Burg hatte sich der rührige Lehrer und Förderer so viel Mühe mit dem scheuen Eleven gegeben. Und jetzt kümmerte sich kein Regisseur um ihn. Moser mußte dort einspringen, wo jemand krank wurde oder aus anderen Gründen fehlte, ganz gleich, ob die Rolle nur im Entferntesten zu ihm paßte, oder nicht. Und das Publikum, sowieso nicht eines des feinsten, machte sich einen Extraspaß und pfiff den schmächtigen Burschen einfach nieder. Daß Moser die Rollen, die er in Vertretung spielen durfte, beherrschte, sich nicht versprach und voll engagierte, war den Leuten egal. Sie wollten ihren Spaß, dafür zahlten sie Geld. Leute vom Theater, vor allem solche Wichte, waren halt eben Menschen zweiter Klasse.

Moser nahm dies alles mit einer Duldsamkeit hin, die schon an Schicksalsergebenheit grenzte. Er klagte nie, hielt sich aus Klatsch und Intrigen heraus und versuchte in seiner gutgemeinten Naivität sogar unter den Schauspielern an den Provinzbühnen durch Vermittlungsversuche eine Form von Gemeinschaft herzustellen. Privatleben hatte er so gut wie keines. Nachts fiel Hans Moser todmüde in irgendein billiges Bett, Freunde fand er nicht. Bei diesem Hungerlohn konnte er sich das Ausgehen nicht leisten. Aus Geldmangel schickte Moser auch seine schmutzige Wäsche nach Hause. Wenn die liebevoll gebügelten Sachen wieder zurückkamen, steckte oft ein Kuvert zwischen den Hemden.

›Damit's dir was kaufen kannst‹, schrieb die Mutter, ›aber sag's hinterher net dem Vater.‹ Manchmal fand der ›Bub‹ im gleichen Paket einen zweiten Umschlag mit etwas Geld. ›Für einen Schoppen‹, stand dann auf dem Zettel, ›aber nichts der Mutter verraten.‹

In Reichenberg endlich schien sich für den bislang glücklosen Moser das Blatt zu wenden, denn Reichenberg hatte ein großes und angesehenes Stadttheater. Dort ließ man ihn die Rollen spielen, von denen er geträumt hatte: tragische, komische, todtraurige, schrullige. In Reichenberg entdeckte ihn auch ein Theateragent, und dieser Mann empfahl Hans Moser 1905 an Josef Jarno, den damaligen Direktor des Theaters in der Josefstadt/Wien.

Moser, mittlerweile 25 Jahre alt, fuhr voller Hoffnung zurück nach Wien. Zu seinen Eltern sagte er bewegt: »Die schrecklichen Jahre in der Provinz waren also doch nicht umsonst.« Überglücklich malte sich Moser seine künftige Bühnenlaufbahn aus, geblendet von dem Ruf, den Jarno als Talentaufspürer genoß.

Doch es kam so schlimm, daß sich Hans Moser manchmal nach diesen entbehrungsreichen Jahren in der Provinz zurücksehnte, die ihm in der Rückblende fast wie das reinste Paradies erschienen. Denn Jarno verstand diesen jungen, sensiblen Mann von Anfang an nicht und konnte mit seiner Art zu spielen einfach nichts anfangen. Er widersetzte sich allen Rollenwünschen, die Moser an ihn herantrug. Wann immer Moser vorschlug, ihn in einer komischen Rolle zu besetzen, winkte der Theaterdirektor ab: »Mit dem zarten Gsichterl und Ihren 25 Jahren können Sie nur Liebhaber spielen.«

Moser beugte sich dem Diktat von Josef Jarno, weil er immer noch glaubte, dieser erfahrene Theatermann wisse möglicherweise besser, was wirklich in ihm stecke. Warum sich ein so versierter Mann wie Jarno derartig in Moser täuschen konnte, bleibt unerklärlich. Später wurde oft behauptet, er hätte kein Vertrauen zu dem jungen Mann gehabt. Aber das stimmt nicht. Im Gegenteil! Moser muß dem Theaterprofi als großes, förderungswürdiges Nachwuchstalent erschienen sein. Warum hätte er ihm sonst Titelparts in Stücken gegeben, die für den erfolggewohnten Theaterdirektor besonders wichtig waren. Denn Moser spielte bei Jarno zwar völlig falsch besetzt, aber immerhin den Hermann Casimir in Wedekinds ›Marquis von Keith‹. Den Marquis interpretierte Jarno selbst. Wedekind hatte damals in seiner Buchausgabe geschrieben, dieser 15jährige Casimir sei von einem Mädchen zu spielen. Und wegen dieser Fußnote bildete sich Jarno eben ausgerechnet Moser ein und zwängte ihn deshalb in die Rolle eines zerrissenen, dekadenten, von pubertären Träumen getriebenen Jungen. Er vergegenwärtigte sich einfach nicht, daß ein Mann wie Moser, der eben erst aus der Provinz kam, kaum in der Lage war, eine Rolle auszufüllen, die viel Erfahrung und wirkliches Leben verlangte.

Die Proben zu ›Marquis von Keith‹ waren ein einziger Akt der Zerfleischung, der Unterdrückung und des Brechens einer jungen Schauspielerpersönlichkeit. Hans Moser scheiterte zwangsläufig an dieser Rolle. Aber Jarno scheiterte auch an Moser. Beide entwickelten Haßgefühle gegeneinander. Ohne daß einer seine negativen Empfindungen ausdrückte, wußten Jarno und Moser, daß die Basis zu einer gemeinsamen Arbeit nicht mehr gegeben war.

Trotzdem blieb Moser an der Josefstadt. Nach der katastrophalen Niederlage bei der Inszenierung Wedekinds kümmerte sich Jarno allerdings nicht mehr um seinen ›Schützling‹. Er gab ihm jetzt kleine, anfallende Rollen, wie jedem anderen Eleven auch. Unerhebliche, wenig oder nicht geeignet, sich in irgendeiner Form zu profilieren. Die Zusammenarbeit mit Jarno wurde nun noch unerträglicher. Aber dennoch profitierte Hans Moser in dieser Zeit von der Anwesenheit eines anderen Mannes, des großen Schauspielers Gustav Marans.

Marans, damals ein Liebling der Kritiker, spielte all das – und so, wie Moser es sich von diesem Beruf erträumt hatte. Und als Alfred Polgar 1907 schrieb: ›Marans spielt nicht nur die Feigheit oder die Dummheit eines Menschen, sondern dessen Klugheit, Tapferkeit, aber keine glorios-leuchtende Tapferkeit, sondern eine verschrumpfte, welke, eine menschliche und voller Verständnis für die Unbillen des Lebens...‹, schnitt sich Hans Moser diese Kritik aus und bewahrte sie viele Jahrzehnte lang auf.

Viel später, 1934, erwähnte Moser einmal: »So sehr ich an der Josefstadt gelitten habe, möchte ich trotzdem nicht einen einzigen Tag missen. Allein in der Nähe eines so großartigen Darstellers wie Gustav Marans gewesen zu sein, war es wert, Demütigungen zu ertragen.«

Im Herbst 1907 verließ Hans Moser die Josefstadt. Er ging zurück zur Schmiere, zu Wanderbühnen, zum Sommertheater. Die meisten seiner Kollegen verstanden ihn nicht und schüttelten den Kopf. Aber Hans Moser war die neuerliche Ungewißheit, ein niedrigeres Niveau, lieber als die ständigen Quälereien eines unzufriedenen Direktors.

Inzwischen war Moser 27 Jahre alt. Er hatte immer noch nichts von seiner jugendlichen Begeisterung und dem Elan eingebüßt, der ihn damals aus dem Ledergeschäft in die Provinz trieb. Zwar hing er an den freien Tagen immer mehr zu Hause bei der Mutter herum und machte auch hin und wieder eine resignierte Bemerkung. Aber noch immer hoffte Moser, daß irgendwann ein Theaterdirektor einmal seine wirkliche Begabung für die Komik und die leisen, zwischenmenschlichen Töne entdecken würde. In den Jahren bis zum Ersten Weltkrieg spielte Hans Moser in fast jeder Klitsche des österreichisch-ungarischen Reiches. Mal hatte er einen Titelpart, mal war es die zweite Hauptrolle. Wie immer, konnte sich Moser nur mühsam am Leben halten. Er war bis zum Geiz sparsam – das sollte so bleiben, auch als er wirklich viel Geld verdiente. Moser drehte jeden Pfennig um und hoffte weiter auf die große Entdeckung, auf die echte Erfüllung seines Lebenswunsches: Die Menschen im Publikum glücklich zu machen.

Dann brach 1914 der Erste Weltkrieg aus. Moser wurde eingezogen, ging nach Rußland und kam später nach Italien. Er wurde einer Arbeitskompanie der Hoch- und Deutschmeister zugeteilt. So locker und lustig, wie es später in den Stücken um die Hoch- und Deutschmeister zuging, war es im wirklichen Dienst keinesfalls. Dem schwachen und zarten Mann wurde viel aufgebürdet. Moser, der es gewohnt war, getreten zu werden, ließ sich wieder zuviel gefallen und reizte so manchen, diesem willfährigen Burschen noch eins mit der Gerte über den Rücken zu ziehen. Doch die Hänseleien und Brutalitäten der Kameraden hörten schlagartig auf, als Moser an einem Abend an der Front, der besonders deprimierend und grau war, begann, Wiener Lieder zu singen und kleine Sketche aufzuführen.

»Bist du denn ein Volkssänger, daß du so was so gut kannst?« fragte ihn verblüfft sein Kommandeur. Zuerst war Moser verunsichert, weil er glaubte, man würde ihn nur wieder auf den Arm nehmen. Aber dann spürte und glaubte er die echte Freude der Soldaten und bejahte geschmeichelt. Sollte er denn hier, wo Moser zum erstenmal die Begeisterung der Leute über seine wirkliche Begabung und Kunst erfuhr, ausgerechnet von seinen großen Theaterträumen berichten? Moser wurde der Liebling der Kompanie und baute seine Stärke richtiggehend aus. Er schrieb sich selbst Solonummern, erdachte Szenen, die auf den Punkt genau das Milieu trafen, aus dem fast alle Soldaten kamen. Das Milieu des kleinen Mannes, der ewig im Souterrain hängenbleibt und dessen höchstes Glück schon ein Glaserl Wein ist.

Moser beginnt nun seine Stimme zu verstellen. Zuerst, um so gleichzeitig in mehrere Rollen schlüpfen zu können. Später dann als Stilmittel, mit dem er Hilflosigkeit, Verwirrung oder Rührung ausdrücken konnte. Hans Moser verschluckte, zerhackte, verdrehte Konsonanten und Silben immer öfter, je mehr er spürte, daß seine Kameraden sich darüber vor Lachen ausschütteten und hinterher immer noch leise lächelten.

»Red doch mal so wie gestern nacht«, sagten sie am anderen Morgen zu ihm. Und wenn Hans Moser dann sein typisches Nuscheln brachte, um das Kriegselend aus den Gesichtern seiner Kameraden wenigstens für einen Moment durch Lachen zu ersetzen, war er glücklich. Zufrieden über diese Dankbarkeit und glücklich darüber, daß er Menschen zum Lachen bringen konnte. Ohne es zu wissen, hatte Hans Moser in diesen Monaten den ersten Baustein zur großen, aber noch weit entfernt liegenden Karriere gesetzt.

Nach Kriegsende kehrte Moser zurück ins Elternhaus. Vergebens lief er von einem Theateragenten zum anderen. Die Monarchie war zusammengebrochen, und niemand dachte mehr an Unterhaltung. Andere Dinge waren wichtiger, private Tragödien überschatteten den Spaß an Bühnenkomikern. Jeder versuchte, sich irgendwie über Wasser zu halten. In diesen Jahren war nicht die bombastische, strahlende Kunst gefragt. Die leisen, kleinen Töne waren es, die die Menschen zum Lachen brachten. Für Hans Moser fiel der Zusammenbruch des Kaiserreiches mit dem völligen Zusammenbruch der eigenen Illusionen zusammen. Er, der so lange Jahre immer noch gehofft hatte, glaubte nun an gar nichts mehr.

Das Gesicht des 38jährigen hatte sich verändert. Dieses Strahlen, die Hoffnung und das Unberührt-Naive waren verschwunden. Mosers Züge wurden bitter, Falten gruben

16

sich ein und verliehen dem Gesicht etwas Resigniertes, Geschlagenes. Er, der seinen kleinen Wuchs bisher durch einen besonders aufrechten Gang zu verbergen suchte, ließ plötzlich die Schultern hängen und scherte sich auch nichts mehr um seine Garderobe. Jetzt wirkte er wie die meisten kleinen Schauspieler dieser Zeit: getreten, verzagt, ohne Aussichten auf eine bessere Zukunft.

Als die Not immer ärger wurde, entsann sich Moser seiner Fähigkeiten, durch Sketche und kleine Solonummern – wie er sie an der Front erdacht und gespielt hatte – die Menschen wieder zum Lachen zu bewegen. Er war bereit, noch einmal ganz von vorne anzufangen und seine Träume vom großen Theater zu vergessen. Im Wien der Nachkriegszeit wuchsen damals die kleinen Rauchtheater wie Pilze aus dem Boden. Ein Mittelding zwischen Nacht- und Amüsierbetrieb, bevölkert von Schiebern, Neureichen, Flittchen und anderen undurchsichtigen Gestalten. Später genossen einige dieser Lokale zwischen der Mariahilferstraße und dem Gürtel einen so niveauvollen Ruf, daß dort sogar die Volksbühnen sich um Nachwuchs bemühten.

Zu Mosers Anfangszeiten waren diese winzigen, rauchigen Betriebe allerdings nichts weiter als billige Tingeltangel-Unternehmen. Moser sprach in diesen Etablissements vor, und obwohl er sich dabei wirklich schon tief unter sein Niveau begab, erhielt er auch hier keine Zusage. Was sollte man auch in Zeiten wie diesen mit einem so verdrießlich dreinschauenden Mann anfangen, der zudem auch nicht mehr jung war? Schlechte Laune hatten die Leute selbst. Hin und wieder durfte Moser ein paar Liedchen singen, oder sich als eine Art Conférencier präsentieren. Aber nur ganz selten wurde ihm erlaubt, eine seiner selbst einstudierten Nummern vorzutragen.

Später meinten Freunde von ihm, daß Hans Moser sicher aufgesteckt hätte, wäre ihm nicht seine spätere Frau Blanka Wirschel, eine Jüdin, begegnet. Mit ihr lebte er in den ersten Ehejahren in ärmlichen Verhältnissen zur Untermiete. Ein

Zimmer und eine Küche, das war ihr Himmel auf Erden. Blanka, eine gutaussehende Frau, die sicher einen attraktiveren Mann bekommen hätte, stand ihrem Hans treu zur Seite. Sie war es, die ihn immer ermutigte, erneut vorzusprechen und nicht zu verzagen. Seine Chance würde kommen, davon sei sie felsenfest überzeugt.

Endlich Erfolg

Im Jahr 1921 schien es soweit zu sein. Moser sollte sich beim Direktor des ›Max-und-Moritz‹-Theaters melden. Ein Kollege war erkrankt, Ersatz wurde dringend gesucht. Moser war mißtrauisch, aber im Grunde seines Herzens voller Hoffnung. Stunde um Stunde wartete er im Vorzimmer. Neben ihm seine Frau. Blanka war mitgekommen, weil sie spürte, ihr Mann würde diese Situation kaum allein meistern. Nach vier Stunden deprimierenden Wartens war der Direktor immer noch nicht aufgetaucht. Hans Moser wollte gehen. Es hatte sich wieder einmal bestätigt, was er nun in all den Jahren noch nicht hatte völlig glauben wollen: Man wollte ihn nicht.

Der sonst so stille Moser, ein Typ, der normalerweise alles in sich hineinfraß, geriet nun über diese Elendsstimmung in Wut. Die Enttäuschung war so übermächtig, daß Moser heftig wurde. Er fing an zu rasen, schimpfte, schlug mit seinen Armen durch die Luft, rannte hin und her und klagte mit dieser hohen und piepsigen Stimme alle und jeden an.

Blanka war außer sich vor Angst und versuchte, Moser zu beruhigen. Aber er war nicht mehr zu bremsen. Während Hans Moser sich all seinen angestauten Haß endlich einmal von der Seele brüllte, hatte niemand bemerkt, daß in der Zwischenzeit der Direktor ins Zimmer gekommen war und schmunzelnd dem wildgewordenen Moser zusah. Hans Moser wurde engagiert.

Er trat allabendlich auf. Zwar für nicht mehr als ein Trinkgeld, doch zum erstenmal zeichnete sich seine Schauspielerspezialität ab, die später das Moser-Markenzeichen werden sollte: Durch einen Blick oder eine Geste auszudrücken, was seine Lieblingsfiguren wie Dienstmänner oder Hausmeister, die ewig Zukurzgekommenen, nie aussprechen konnten. Weil sie sich immer in der Position des Schwächeren befanden. Mosers Erfolg sprach sich herum. Aber noch war er einer von vielen. Zu so absoluten Stars wie Leopoldi Wiesenthal oder Heinrich Eisenbach gehörte er noch lange nicht.

Hans Moser wollte das ändern. Er hatte sich eine Solonummer ausgedacht, die später zu den berühmtesten seines Repertoires gehören sollte: *Der Dienstmann*. Er konnte den Direktor des Theaters überreden, diese Nummer im Zuschauerraum auszuprobieren, ehe er sie auf der Bühne brachte. Das hätte fast das Ende der Karriere bedeutet. Denn Moser betrat, als Dienstmann verkleidet, das Kabarett. Mit schwankenden Schritten, und wie es schien, ziemlich angesäuselt, ging er, leise vor sich hinbrabbelnd, zu einem Tisch. Mosers Plan war, ein Bier zu trinken, mit ein paar Gästen zu plaudern und dann zur Bühne zu wanken und droben die Nummer fertigzuspielen. So weit sollte es gar nicht kommen. Die Gäste fühlten sich durch diesen offensichtlich betrunkenen, mosernden, ältlichen Mann belästigt. Moser war von seiner Rolle so fasziniert, daß er überhaupt nicht spürte, wie sich die Stimmung gegen ihn richtete. Er raunzte, nörgelte und meckerte immer weiter. Je unwilliger sich das Publikum benahm, umso engagierter spielte Hans Moser seine Rolle weiter. Dann platzte ein paar Leuten, die sich um ihren Abend gebracht fühlten, der Kragen, und sie riefen: »Schmeißt diesen Kerl endlich hinaus. Das ist ja eine Zumutung für zahlende Gäste!«

Jetzt endlich begriff Moser, was los war, und sah sich hilfesuchend nach seinem Direktor um, der aber ebenso hilflos dastand. Angesichts dieser glatten Komikerbauchlandung wollte der Direktor zur Bühne vordrängen, um den Irrtum, der so gutgemeint war, aufzuklären. Aber das Publikum forderte einstimmig, den Mann, der sich wohl verirrt hatte, an die frische Luft zu setzen. Hans Moser ging heim. Nicht mehr in der Lage, einen klaren Gedanken zu fassen. Er war völlig gebrochen. Was hatte er denn gewollt?

Die Leute zum Lachen bringen. Was war passiert? Man lehnte ihn auch als komischen Schauspieler ab. Jetzt war er bereit, den Beruf, den er augenscheinlich verfehlt hatte, endgültig aufzugeben.

Der Gang ins Kabarett am anderen Morgen war als Abschiedsbesuch gedacht. Doch es kam wieder anders. Der Direktor überredete Moser zu bleiben, und die Nummer auf keinen Fall umzuschreiben oder zu ändern. Moser war so sehr in seinem Selbstwertgefühl erschüttert, daß er glaubte, der Direktor mache dieses Angebot nur aus Mitleid. Das wollte er nicht. Auf der anderen Seite hatte er nicht das Geld, um sich und seine Frau zu ernähren. Also konnte er auf diesen Job eigentlich doch nicht verzichten.

Moser machte weiter, sang Wiener Lieder und erdachte neue Sketche, in denen er sich als der zur Schau stellte, der er wirklich war: ein Mann, den das Leben schon arg gezaust hatte. Dem das Herz zwar noch auf dem berühmten ›rechten Fleck‹ schlug, der aber eigentlich schon resigniert hatte und nur noch dann aufmuckte, wenn es galt, für einen anderen Partei zu ergreifen.

›Wahre Begabung‹, so schrieb Alfred Polgar einmal, ›läßt sich auf die Dauer nicht verbergen‹ – genauso war es bei Hans Moser schließlich auch.

Das renommierte Kabarett ›Café Reklame‹ bot Hans Moser einen Vertrag an. Hier führte er vor einem begeisterten Publikum seinen *Dienstmann* vor – den er seither unzählige Male gespielt hat, der verfilmt und auf Schallplatte aufgenommen wurde.

Ein Ehepaar will rasch zur Bahn und ruft zwecks Beförderung seines Kofferungetüms einen Dienstmann, der es durch seine Seelenruhe und seinen ziemlich schwach entwickelten Arbeitsgeist zur Verzweiflung bringt. Die tausend Ausreden, warum er den Koffer nicht anfassen kann, die vielen fachmännischen Ratschläge, wie ihn allerdings andere anfassen könnten (›krawottisch‹ zum Beispiel), das alles ist so glänzend beobachtet, wo wienerisch komisch, daß man auch Jahrzehnte später immer wieder Tränen lachen kann.

Als ihn die ›Gnädige‹ nach diesem entnervenden Hin und Her schließlich mit leicht erhobener Stimme bittet, doch schneller zu machen, sagt Moser ganz verdruckt: »Ja fliag'n kann i net!« – was Jahre später zum geflügelten Wort unter den Dienstmännern am Wiener Westbahnhof wurde.

Noch ein anderer ebenso berühmter Sketch stammt aus dieser Zeit: Der *Krankenkassenpatient*.

Hans Moser begibt sich als Patient zum Arzt. Ihm sticht es im Rücken, wenn er einen ›Zieh‹ macht. Der Arzt fragt ihn sichtbar uninteressiert, und um es ins Krankenblatt einzutragen, wie denn Mosers Verdauung sei. »Danke«, lächelt der Patient in milder Verklärung, »danke, es verdaut sich mir gut!«

Mit solchen ausgefeilten – aber nicht überspitzten Studien brach Moser das Eis. Er wurde zum Liebling des Publikums. Jetzt war es nicht mehr nur das Amüsiervolk, das dem kleinen Mann mit dem verbitterten Gesicht applaudierte, auch die Kritiker und die sogenannten ›verwöhnten Leute‹ wurden auf ›den Moser‹ aufmerksam.

Der Theaterpapst unter Wiens Theaterkritikern, Anton Kuh, war der erste, der in Moser mehr sah als nur den kleinen Wiener Volksschauspieler. Er schrieb 1921 in der renommierten Mittagszeitung *Die Stunde:* ›Der ›kleine Moser‹ ist ein großer Schauspieler, der hinter seinen scheinbar so nebenbei erzählten Geschichten die ganze Palette des menschlichen Daseins ausleuchtet und auch richtig erfaßt!‹

Diese Kritik des gefürchteten Anton Kuh war eine Sensation. War doch sonst kein Neuling vor seinen bissigen Kommentaren sicher.

Moser, inzwischen 41 Jahre alt, wurde endlich anerkannt. Noch immer mißtrauisch, daß sich sein Glück jeden Tag wieder ins Gegenteil verkehren könnte, erlaubte er sich keinerlei private Extravaganzen. Außer dem einen Wunsch: zum erstenmal im Leben mit seiner Frau in Urlaub zu fahren. Übervorsichtig wie er war, wechselte Moser all sein sauer erspieltes Geld in 1800 Dollar um und gab sie einem ›guten‹ Freund zur Aufbewahrung. Erst als er sämtliche möglichen Katastrophen aus der Welt geräumt zu haben schien, stieg Moser mit seiner Frau in den Zug nach Bad Ischl.

Die Mosers verlebten einen herrlichen Urlaub, endlich einmal ungetrübt von dunklen Zukunftsängsten. Jedoch, ähnlich wie in einem Sketch, den Moser sich erdacht haben könnte, der ›gute‹ Freund war keiner. Er hatte das Geld verspekuliert. Die Familie stand wieder einmal vor dem Nichts. Hans Moser hat nie den Namen dieses Freundes erwähnt, obwohl er noch 20 Jahre danach erzählte:

»Dieses Erlebnis hat mich so mißtrauisch gemacht, daß ich keinem Menschen mehr einen müden Heller anvertrauen würde!«

Erneut vor dem Nichts, nahm Moser jetzt manchmal pro Abend Rollen in drei, vier verschiedenen Varietés an. Zusammen mit Frau Blanka schleppte er bis in die späte Nacht die Koffer mit den Schminksachen und den Utensilien durch den Wiener Wurstelprater – wie das Amüsierviertel damals genannt wurde. Auf die kleine Tochter Margarethe paßte in der Zwischenzeit die Großmutter auf. Moser, 1924 bereits 44 Jahre alt, sah kaum mehr eine große Chance, in der Zukunft seiner Familie wenigstens das bieten zu können, was man ein ›gutbürgerliches Leben‹ nennt. Trotzdem, den Entschluß, statt Lederkaufmann Schauspieler zu werden, hatte er auch damals nicht bereut. So war auch für ihn der Juli-Abend 1924, in dem er im ›Varieté Ronacher‹ in der Himmelspfortgasse auftrat, ›a Nacht wie jede andere‹. Zur Zeit wurde von Robert Stolz und Karl Farkas die Revue *Wien, gib acht* und der Sketch von den zwei *Pompefunébres* gegeben.

Die beiden Leichenträger, der kleine Hans Moser und der lange, dünne Carl Günther sollen eine Leiche abholen. Sie irren sich im Stockwerk. Statt zur Trauergesellschaft kom-

Hans Moser als Pompefunébre am Kabarett.

men die beiden in eine schon reichlich feuchte Hochzeits-
feier. Moser, verwirrt und leicht pikiert, verlangt die Leiche. Fragt, ob sie fertig ist und warum man sich nicht darum
kümmert. Wieso denn schon *vor* dem Leichenbegängnis
gefeiert wird?

Der immer wilder werdende Moser, der heftig gestikulie-
rend und mit sich überschlagender Stimme gegen die laute
Gesellschaft kämpfte, war der Erfolg des Abends. Als
Moser von der Bühne kam, holte ihn der Direktor Karl
Farkas in sein Privatbüro. Dort saß Charlie Chaplin – ein
Mann, ähnlich wie Moser –, der im englischen Sprachraum
den tragisch-komischen Mann aus dem Volke darstellte.

24

Chaplin war begeistert von Moser. Er gratulierte ihm überschwenglich für seine Leistung. Bot ihm an, mit nach Amerika zu kommen. Moser, total eingeschüchtert, glaubte, der große Chaplin wollte sich über ihn lustig machen. Er lehnte das Angebot ab. Freundlich, aber bestimmt, niemand – so Moser später über diese Begegnung – habe das Recht, sich am Unglück oder Mißerfolg eines anderen zu weiden! – Zu spät bemerkte er, daß es Charles Spencer Chaplin absolut ernst mit seinem Angebot war.

Als Hans Moser ablehnt, kauft Chaplin die englischen Rechte für den Sketch und sagt zu Farkas: »So komisch wie Hans Moser werde ich diese Rolle kaum spielen können.«

Die Zeitungen schlachteten die Story weidlich aus. Die seriösen Bühnen meldeten sich. Hans Moser wurde an das Volkstheater in Wien engagiert. In dem Schwank *Veronica* spielte er einen kleinen Verteidiger, der glücklich, auch einen Fall zu bekommen, seine ganze Seele in den Kampf um den Freispruch seiner Klientin wirft. Moser muß in dieser Rolle so großartig gewesen sein, daß der Kritiker Hans Liebstöckl zweimal hintereinander ins Theater kam und dann einen so begeisterten Artikel schrieb, daß Moser zum erstenmal den Neid seiner Kollegen zu spüren bekam.

Moser war jetzt endgültig der volkstümliche Geheimtip in Sachen Humor. Die beiden erfolgreichen Operettenlibrettisten Brammer und Grünwald, die einen Erfolg nach dem anderen im ›Theater an der Wien‹ feierten, schrieben für Moser sogar in ein laufendes Stück einen Part hinein.

Langsam, ganz langsam verbesserten sich auch die finanziellen Verhältnisse. Die Mosers bezogen ihre erste eigene Wohnung. Frau Blanka erhielt, wie sie immer erzählte, den ersten Wintermantel mit Pelzkragen, die Tochter Spielzeug. Nur sich selbst gönnte Moser nichts. Er hatte Angst um jeden Groschen. Diese Angst saß ihm immer noch so tief in den Knochen, daß er selbst nach seinem festen Engagement am Theater an der Wien noch Abend für Abend in zwei, drei Kabaretts mit einer Solonummer als Schlußsketch auftrat.

1925 ist für Moser das Jahr, das ihn endgültig aus dem Tingeltangel herausholt. Am Theater an der Wien wird das Stück *Prinz Orlow* gegeben. Moser spielt darin einen Billeteur und Logenschließer.

Das Stück lief schon ein paar Wochen, als Moser seine Kollegen in hellem Aufruhr vorfand. Was denn los sei, wollte er wissen. »Der Max Reinhardt ist im Theater«. – »So«, nuschelte Moser, »da müß ma ja besonders schön spielen!« Er kapierte überhaupt nicht, daß der große Theatermann seinetwegen gekommen war.

Max Reinhardt war von Mosers Darstellung gerührt. ›Zum Lachen und zum Weinen‹ fand er ihn. Aber er fand auch, daß dieser Mann nicht länger nur als Volksschauspieler im zweiten Glied stehen durfte. Reinhardt engagierte Moser an das ›Theater an der Josefstadt‹, jenes Theater, an dem einst Direktor Josef Jarno den jungen Moser mit Rollen quälte, die ihm keinerlei Chance ließen, seine wahre Begabung zu entfalten.

Die Begegnung mit Max Reinhardt bezeichnete Moser auch noch vor seinem Tode als die wichtigste seines Lebens. In Reinhardt hatte er nicht nur einen großartigen Regisseur gefunden, er spürte auch das menschliche Interesse, das Reinhardt an ihm hatte. Moser, zutiefst enttäuscht und mißtrauisch allen Regisseuren gegenüber, vertraute sich diesem Mann jetzt voll an. Es entstand eine Freundschaft, zu der Moser sich auch noch in den Jahren bekannte, in denen Reinhardt, von den Nazis vertrieben, nach Amerika emigrieren mußte. Im gleichen Jahr nahm Reinhardt seine Neuentdeckung mit zu den Salzburger Festspielen. Moser fühlte sich anfangs unter all diesen berühmten Leuten fehl am Platz. Scheu ging er in die Statistengarderoben, setzte sich abends beim Stammtisch mit Blanka an ein kleines Katzentischerl. »I will net stör'n«, sagte er entschuldigend, die Schultern verlegen hochgezogen, den Kopf leicht schräg, grad so wie er es später in seinen Filmrollen tat.

Als ›Fürwitz‹ im *Großen Welttheater* erntete er jubelnde

Kritiken. Max Reinhardt hatte sich nicht getäuscht. Hans Moser kam in seiner leisen, verzweifelten Art mehr an als die dröhnenden Theaterkomiker, die es zu jener Zeit zuhauf auf den Bühnen gab. Für Moser selbst bedeutete dieser Erfolg einen sicheren, wenn auch schmalen Steg, auf den er sein Selbstbewußtsein stellen konnte.

1927 inszenierte Max Reinhardt in Salzburg den *Sommernachtstraum*. Seit der denkwürdigen Aufführung im Jahre 1905 in Berlin, die Reinhardt seine Spitzenstellung unter den deutschen Regisseuren verschaffte, gab es keine gültige Neuinszenierung. Reinhardt mußte sich also in Salzburg selbst übertreffen. Mit Hans Moser als ›Zettel‹ bekam die Aufführung auch ein völlig neues Gesicht. Sein Zettel war ein liebenswürdig simpler Handwerker. Ein ungeschickter kleiner Mann, der immer wieder scheitert – weil er einfach nicht mithalten kann, was die anderen ihm an Bildung, Wuchs und Stand voraushaben. Die Aufführung wurde ein Erfolg für beide: Reinhardt und Moser.

1927 wurde Max Reinhardt vom New Yorker ›Century Theatre‹ zu einem Gastspiel mit seinem *Sommernachtstraum* eingeladen. Ohne Moser, so Reinhardt, wollte er nicht gehen. Moser aber machte Schwierigkeiten. Er hatte Angst vor der langen Schiffsreise. Angst auch vor der großen Stadt. Vor der unbekannten Sprache. Er, der noch nie – außer im Krieg – über österreichische Grenzen hinausgekommen war, sollte nun vor dem kritischsten Publikum Amerikas spielen? Max Reinhardt blieb hartnäckig.

»Ohne Moser«, drohte er, »fahre ich nicht!« – Moser wand sich. Als Trumpf brachte er schließlich: »Wenn ich meine Frau hier allein lasse, fürchtet sie sich zu Tode!« – »So,«, meinte Reinhardt lächelnd. »Mit Ihrer Frau aber würden Sie fahren?« – Moser, sicher, daß er als einziges Ensemblemitglied wohl kaum mit seiner Ehefrau anreisen konnte, erwiderte: »Ja, mit Blanka schon!«

Drei Tage später übersandte ihm Max Reinhardt zwei Schiffsbilletts. Moser konnte nicht mehr zurück. Drei

Hans Moser spielte sehr gerne Theater. Hier am ›Deutschen Theater‹ 1931 in Berlin zusammen mit (v. l. n. r.) Peter Lorre, Lucie Höflich, Hans Heilinger und Carola Neher: ›Geschichten aus dem Wiener Wald‹ von Ödon von Horváth.

Monate blieb Max Reinhardt mit seinen Leuten in Amerika. Für Moser muß das eine Zeit gewesen sein, die sein späteres Leben sehr beeinflußte: Er hatte die Furcht vor allem Neuen verloren. Vor der neuen Welt, der neuen Sprache und den neuen Menschen. Er spürte plötzlich, daß seine Art, Rollen zu spielen, international ist. Daß er die Herzen der Zuschauer in Wien genauso wie in New York gewinnen konnte.

Mit fast 48 Jahren hatte Hans Moser erreicht, was er für sich als Schauspieler erträumte: Er spielte mit Leuten, die zu den besten der Welt gehörten, unter einem Regisseur, der ihn verehrte und zu dem er eine tiefe Freundschaft empfand – und er war heraus aus diesen ewigen lebensbedrohenden, existenziellen Sorgen. Was Hans Moser am Theater verdiente, damit konnte er sich keine Häuser kaufen oder Weltreisen machen, aber er war jetzt in der Lage, in Ruhe Rollen zu lernen, nicht mehr noch nach Vorstellungen an den Wurstelprater zu hetzen, um dort für ein paar Mark die Leute zum Lachen zu bringen.

1931 ging Max Reinhardt nach Berlin. Er mochte nicht auf Moser verzichten. Als Direktor des Deutschen Theaters verpflichtete er Moser für nahezu ein Jahr. Unter der Regie von Heinz Hilpert spielte Hans Moser in *Geschichten aus dem Wiener Wald* mit der damals sensationellen Besetzung von Paul Hörbiger, Peter Lorre, Lucie Höflich. Das Stück war ein großer Erfolg.

Trotzdem: Hans Moser fühlte sich in Wien wohler. Er wollte wieder zurück. Zurück zu seinem täglichen Glaserl. Zu seiner Frau und der Tochter. Reinhardt ließ ihn schließlich gehen. »Schweren Herzens«, wie er sagte.

Hans Moser und der Film

Noch während Mosers Zeit am ›Wurstelprater‹ begann in Wien seine zweite Karriere. Eine Karriere allerdings, die anfangs keine großen Zukunftsaussichten versprach: der Film. Schon 1921 erhielt Moser kleine Rollen in dem Streifen *Kleider machen Leute*, *Hoffmanns Erzählungen* 1923 und *Ssanin 1924*. *Stadt ohne Juden* wurde 1924 gedreht. *Das Spielzeug von Paris* 1925. Die *Lamplgasse* und *Der Feldherrenhügel* beide 1928. Moser, dessen Komik zum großen Teil aus dem gesprochenen Wort bestand, war nicht übermäßig glücklich mit dem, was er beim Stummfilm abliefern mußte. Das überzogene Grimassieren, bei dem jede kleinere Nuance auf der Strecke bleiben mußte – das Augenrollen, das Schrille und Aufgesetzte waren nicht sein Metier.

Namentlich in der Kritik erwähnt wurde Hans Moser zum erstenmal in dem 1928 entstandenen Stummfilm *Im Hotel zur süßen Nachtigall*.

›...recht matt‹, hieß es da, ›der auf der Bühne vorzügliche Moser. Man sollte ihm Besseres wünschen!‹

Als 1930 der erste österreichische Tonfilm gedreht wurde, war Hans Moser dabei. *Geld auf der Straße* – eine musikalische Komödie, die Georg Jacoby für die Sascha-Film und eine Berliner Firma produzierte. Neben Hans Moser wirkten Hans Thimig, Rosa Albach-Retty und Hugo Thimig mit. Diese allererste Tonfilmrolle wird Moser kaum geschmeckt haben. Er, dessen Kunst im Verschlucken, Verdrehen und Zerknautschen von Worten lag, sollte sich nun plötzlich bemühen, dem neuen Medium tongerecht zu werden. Glücklich, ohne Untertitel und Klavierspieler auszukommen, wurde in diesen allerersten Filmen großer Wert darauf gelegt, daß der Zuschauer alles, aber auch wirklich jedes Wort, sauber und verständlich zu hören bekam.

Ein seltenes Fotodokument: Hans Moser (l.) in dem Stummfilm ›Stadt ohne Juden‹ (1924).

Mosers Ehefrau Blanka war wohl die einzige, die die Verzweiflungsausbrüche ihres Mannes richtig zu werten wußte. Er, der sich unter großen Mühen einen Stil zugelegt hatte, mußte jetzt genau diesen Stil korrigieren.

»Das ist nichts für mich«, jammerte Moser damals. »Da bleib ich lieber beim Theater!« Obwohl er auch da nur bedingt die Freiheit bekam, sein ›Stilmittel‹ einzusetzen.

Im gleichen Jahr sah man Moser in *Liebling der Götter* unter der Regie von Hans Schwarz neben Emil Jannings.

›Madame wagt einen Seitensprung‹ hieß zuerst der Stummfilm ›Im Hotel zur süßen Nachtigall‹ (1928). Der Partner von Hans Moser war hier Livio Pavanelli.

Max Ophüls, der 1933 *Liebelei* drehte, hatte eigens für Hans Moser eine Wiener Szene in seinen Film eingebaut. Moser stellt keine Schnitzlerfigur dar, seine Aufgabe war es, Wiener Atmosphäre in den Film zu bringen.

Wer heute diese frühen Filme Hans Mosers ansieht, ist

›Leise flehen meine Lieder‹ (1933). Hans Moser mit Hans Jaray.

leicht versucht, über die Rührseligkeit, das finanziell sorglose Milieu, die ewig happy-endenden Liebesgeschichten zu
lachen. Zu leicht vergißt man, welche Zeitumstände damals
den Alltag verdüsterten. 1929 gab es den berühmten
›Schwarzen Freitag‹ in New York. Die Weltwirtschafts-

krise, politische Unruhen, Arbeitslosigkeit. Niemand wußte, wie die nahe Zukunft aussah, an die ferne wagte man überhaupt nicht zu denken. Alles, was die Menschen damals wollten, war: eineinhalb sorglose Stunden im Kino zu verbringen. Sich nicht, wie in ihrem alltäglichen Leben, mit Problemen auseinanderzusetzen, sondern zu lachen. Ihre Sorgen und diesen Strick um den Hals zu vergessen – durch etwas, was es fast schon nicht mehr gab: durch ein unbekümmertes Lachen.

Hans Moser blieb für viele Regisseure auch in den folgenden schlimmen Jahren so etwas wie der Garant für das ›kleine Lachen‹. Für die Zuschauer repräsentierte dieser zerknitterte kleine Schauspieler ›den Mann von nebenan‹ – der, ebenso wie sie, ziemlich chancenlos mit den Widrigkeiten des Lebens fertig werden mußte.

Mit Willi Forst, dem Erfinder der ›Wiener Filme‹, begann dann Hans Mosers eigentliche Filmkarriere. Hier war er mit seinem typischen Wiener Humor am rechten Platz. Willi Forst erkannte als erster, daß Moser mehr war als nur ein Stimmungsmacher, und hat ohne Scham zugegeben, ›oft mit vor Rührung feuchten Augen zugesehen zu haben, wenn Moser vor der Kamera stand‹.

Leise flehen meine Lieder im Jahre 1933 war der erste Film, der eine lange Reihe unkomplizierter, sentimentaler, leichter Filme einleitete. Willi Forst sagte dazu: »Kunst und Kolportage wohnen im Film nahe beieinander. In jedem wirksamen Film muß ein Stück Kolportage stecken.«

So sehr in der Nachkriegszeit dieses Willi-Forst-Wort als Vorwand für billige Stoffe verwandt wurde, so wenig hatten diese ersten Forst-Filme, seine ›Wiener Filme‹ damit zu tun. Walter Fritz, der bekannte Wiener Filmhistoriker, definiert das Phänomen ›Wiener Film‹: ›Neben der volkstümlichen Dramaturgie, der Musikalität und dem Wiener Milieu war

So ein Diener hat's gut: Hans Moser in der Operettenverfilmung ›Frasquita‹ (1934).

die Schauspielkunst das wichtigste Ausdrucksmittel des Wiener Films. Endlich konnte der Schauspieler reden und sich so bewegen, wie man es vom Wiener Bühnenkünstler gewöhnt war. Gerade die Vereinigung von Wort und Mimik, die auf Wiener Boden schon immer zu einem harmonischen Ganzen verschmolzen waren und zu dem Entstehen des Begriffes des Wiener Komödiantentums beitrugen, wurde nun auch im Film wiederentdeckt... und so berühmt, was man vor 1930 nur im bodenständigen Theater sehen und hören konnte. Ja, die Skala des sensibel-musikalisch und mimisch-sprachlich orientierten Stils erfuhr durch das Heranrücken der Kamera eine starke Verfeinerung...

Was die ›Wiener Filme‹ aber besonders auszeichnete, war ein kleines friedliches Heer von einprägsamen Typendarstellern und Komikern. Die Leistungen einiger dieser Persönlichkeiten müssen besonders unterstrichen werden, waren diese doch deutliche Nachfahren des Hanswursts, Nestroys oder Girardis.‹

Und diese Nachfahren waren u. a. Ernst Arnold, Fritz Imhoff, Leo Slezak und – Hans Moser. Wobei sich Moser sowohl in Statur und Aussehen als auch in seiner Schauspielkunst sehr von Mimen wie Slezak oder Imhoff abhob. Erspielten sich die anderen ihre Figuren – so empfand Moser sie. Zu genau kannte er aus seinem eigenen Leben das Gefühl der Ohnmacht, des Versagens, der Verzweiflung.

Über Hans Moser schrieb die Kritik damals: ›Moser ist ein Mann, der in Moll spielt. Ein Mann der hilflosen und menschlichen Gesten. Der selbst dann, wenn die Handlung arg ins Kitschige abzugleiten droht, mit einem kleinen sarkastischen Nebensatz die Dinge wieder ins rechte Lot rückt!‹

Seit seinem Film *Frasquita* 1934 ist Moser der Liebling des Publikums und der Kritik. Neben Heinz Rühmann, dessen Diener er spielt, ist Hans Moser der am meisten erwähnte Darsteller. Unvergeßlich seine Telefonszene: »Was, ich

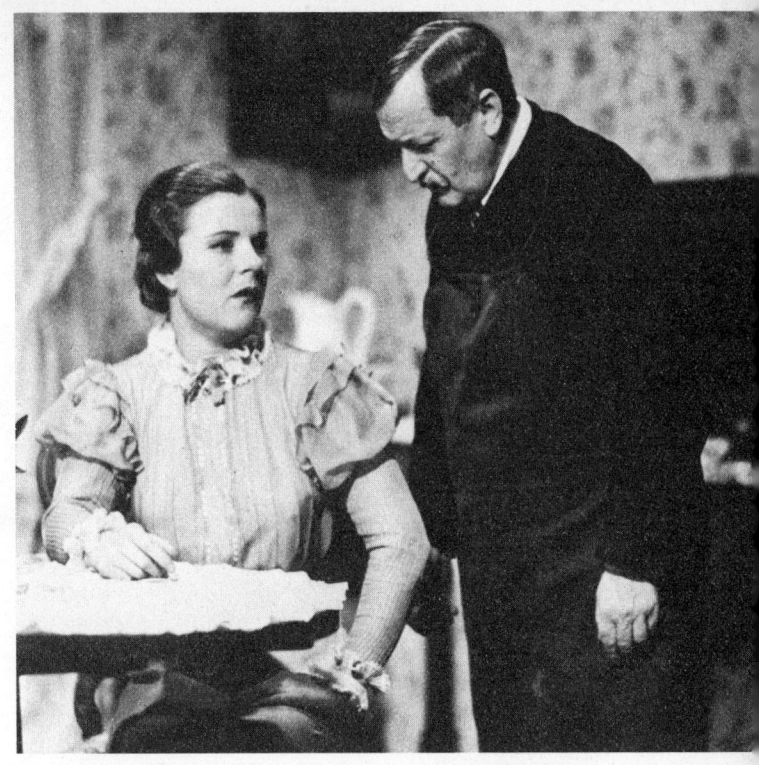

›Maskerade‹ (1934): Paula Wessely in einer ihrer schönsten Rollen.

nuschle? – Ich nuschle nicht! Und außerdem werde ich wegen Ihnen keinen Sprechkurs nehmen... Wir sind ja nicht am Burgtheater!«

Sein nächster Film, und der erste, der ein wirklicher Welterfolg wird, ist *Maskerade* mit Paula Wessely. Obwohl so überragende Leute wie die Wessely mitwirken und Moser nur eine Nebenrolle hat (die des Gärtners Zacharias), schreibt der *Daily Telegraph* in London: ›Hier wird Film-

›Burgtheater‹ (1936) mit Josefine Dora und Karl Skraup.

geschichte gemacht. Man sah kaum je einen Film, in dem
Manuskript, Dialog, Gestaltung und Regie in einer so
vollkommenen Weise verschmolzen waren. Die junge Paula
Wessely wird Weltkarriere machen. Aber auch Nebendar-
steller wie Hans Moser in der Rolle des Gärtners sind so
präzise, daß man sich mehr Filme von Willi Forst wünscht!‹

1934 hat Hans Moser bereits 16 Spielfilme gedreht. Er ist
inzwischen ein begehrter Nebenrollendarsteller geworden.
Der Film *Vorstadtvarieté* von Ernst Neubach (1934) fällt
heraus aus den sonst so sorglosen Wiener Filmen. Hans
Moser spielt den Vater eines jungen Mannes, der sich in die
Tochter (Luise Ullrich) eines Vorstadtvarietébesitzers verliebt. Als er zum Militär muß, bringt er die Geliebte bei
seinen Eltern unter – aus Angst, das Varietémilieu könne sie
verderben. Mizzi (Luise Ullrich) hält es auf dem Bauernhof

nicht aus, obwohl der alte Kernhuber (Hans Moser) ihr Sympathie entgegenbringt. Sie geht zurück, ihr Freund desertiert aus der Armee.

Der Film wurde mit zwei Schlüssen gedreht. Im ersten wirft sich Luise Ullrich vor einen Zug, in dem der Geliebte ahnungslos sitzt. Das weinende Publikum protestierte heftig gegen diesen Schluß. Im nachgedrehten Ende sinkt Luise Ulrich in die Arme ihres Soldaten. Obwohl hier Mosers Rolle eher klein ist – er wird in jeder Kritik erwähnt.

Die *Neue Presse*, Wien, schreibt am 10. 2. 1935: ›Und diesmal hat unser geliebter Hans Moser aus einer komischen Charge eine fast dokumentarische Type gemacht!‹

Nach seinem Film *Burgtheater* 1936, wieder unter Willi Forsts Regie, ist Moser nicht mehr wegzudenken aus österreichischen Produktionen. Moser stellt in diesem Streifen den Souffleur Sedlmayr dar. Berühmt und heute noch immer als Ausschnitt gezeigt ist die Szene mit Willi Eichberger, in der beide in einem Kaffehaus Karten spielen: Eichberger spielt falsch aus, Moser freut sich unbändig: »Das is blöd. Was fällt Ihnen do ein...?« Eichberger will die ausgespielte Karte zurücknehmen. Moser: »Wos? Des geht jetzt nimmer! Hättn's jo gor net zugeb'n müssen – hahaha! (Schadenfrohes Gelächter) »Da ane zahlt, da andere kassiert!«

Moser greift lachend zum Kaffe. In diesem Moment sieht er, daß jemand hinter ihm steht und den beiden zuschaut. Sein lachendes Gesicht verzieht sich sofort. Mit angewiderter Miene:

»Scho woeda a Kiebitz. Nächste Partie spiel'n ma bei mir zu Haus... Ich liebe es nicht, wenn man mir in die Karten hineinschaut!«

Spielt wütend aus. Nach hinten: »Zufrieden mit der Karten, die ich ausgespielt hab'?... (murmelnd) Der hat a dicke Haut, der geht net.«

Nachdem sein Partner mit dem Ausspielen zögert, Moser ungeduldig: »Na gehn's, was gibt's denn da zu überlegen?«

Die bedeutendsten Darsteller vereinte Willi Forst in seinem Film ›Burgtheater‹ (1936). Hier neben Hans Moser Olga Tschechowa und Werner Krauß.

Eichberger spielt aus, und Moser greift sofort zu den beiden Karten.

Eichberger: »Das is' mein Stich!«

Moser: »Wos?! – Aber... (wedelt mit den Karten und gibt sie widerwillig zurück)... Is jo net möglich, so was is mir noch nie passiert. Da kann ma ja net spül'n, wenn aner fortwährend in die Karten... Was, Sie haben den Treff-König und spiel'n ihn net aus?«

Eichberger: »Ich spiel' ihn ja aus!«

Moser: »Was heißt: Spiel'n ja aus?... Sie spiel'n jetzt, wo i des Treff-As scho d'raufgeb'n hab'... is eine Gemeinheit ... (ärgert sich) ... So ein Potscherl – kann net spiel'n und g'winnt! ... (schmeißt die Karten hin) ... Schluß! I spiel' überhaupt net! I kann net spül'n, wenn ma mir in die Karten hineinschaut! ... (rechnet auf einer Spieltafel die Spiele zusammen) ... Sie kriegen amol fa mia (=von mir) ... (wirft die Kreide hin) ... goa nix krieg'n S'überhaupt. Jetzt krieg'n S'goa nix, weil i ka Geld hab'. I hab' ja net g'wußt, daß i verlier!«

Eichberger: »Ich kann Ihnen eine Revanche geb'n, Herr Sedelmayr.«

Moser: »Revanche?! – Sie mir?! (indigniert-grimmiges Lächeln) ... Bitte, ich kann ja auch verlieren (große Geste). Ich werde mir das Geld schon wieder zurückholen ... das nächstemal ... (steht auf und blickt den Hintermann böse an) ... Heute nicht! Denn heute hat man mir die Stimmung verdorben ... Guten Tag!« (Schwebt ab wie eine beleidigte Primadonna)

Moser, der Grantler, die Zwiderwurz, das schnell beleidigte Ekel war geboren. Seine Sprache bekam einen Namen. Aus seiner bisher als ›Nuscheln‹ bezeichneten Sprachweise war über Nacht ganz offiziell ›Mosern‹ geworden. Wer in den Ateliers herumnörgelte, dem wurde damals umgehend verboten, ›weiterhin so zu mosern.‹

Ebenfalls 1936 entstand der E. W. Emo-Film *Schabernack*. Produzent war die Algefa-Film, die Paul Hörbiger gehörte. Das Duo Hörbiger-Moser zeigte hier zum erstenmal das, was es über viele Jahre hinweg berühmt macht: ›Sie sind lustig zusammen, ohne je albern zu wirken.‹

In Mosers Privatleben war inzwischen die satte Bürgerlichkeit eingezogen. Er verdiente gut. Besser, als er es sich je erträumt hatte. Seine Dienstmänner, Schuster, Souffleure, Amtsrichter und Briefträger durften in keinem österreichischen Lustspiel mehr fehlen.

»Der Wiener Film ohne Hans Moser«, meinte Willi Forst einmal bei einer Geburtstagsfeier seines Stars, »hätte sich nie zu dem entwickeln können, was er tatsächlich wurde!«

Mit Paul Henckels in ›Schabernack‹ (1936).

Zweifellos übertrieb Forst, denn Hans Moser hatte nie den
Stellenwert, den eine Paula Wessely oder ein Gustav Waldau besaß. Allerdings, so sehr man noch in den folgenden
Jahren über den ›Vieldreher‹ Moser, der alles macht, was
auch nur eine müde Mark einbringt, lästerte, er selbst hatte
sehr wohl erkannt, wie wichtig er für dieses Geschäft
geworden war. Moser bekam Staralüren. Er hatte jetzt

bestimmte Vorstellungen von seinen Rollen, ließ sich keineswegs mehr in die Ecke drängen und benutzte jede Gelegenheit, sich vor der Kamera von seiner besten Seite zu zeigen.

Leo Slezak, der mit Moser 1936 den Film *Konfetti* drehte, schrieb während der Dreharbeiten erbost an seinen Sohn Walter: ›Die Rolle ist der größte Dreck, den es gibt, und ich bin wirklich nur dazu da, um dem Moser die Stichworte zu geben. Er spielt bei jedem Abgang seine mimischen Soloszenen und erschlägt damit alles Vorhergegangene. Ich muß

In ›Schabernack‹ (1936) mit Paul Hörbiger (rechts).

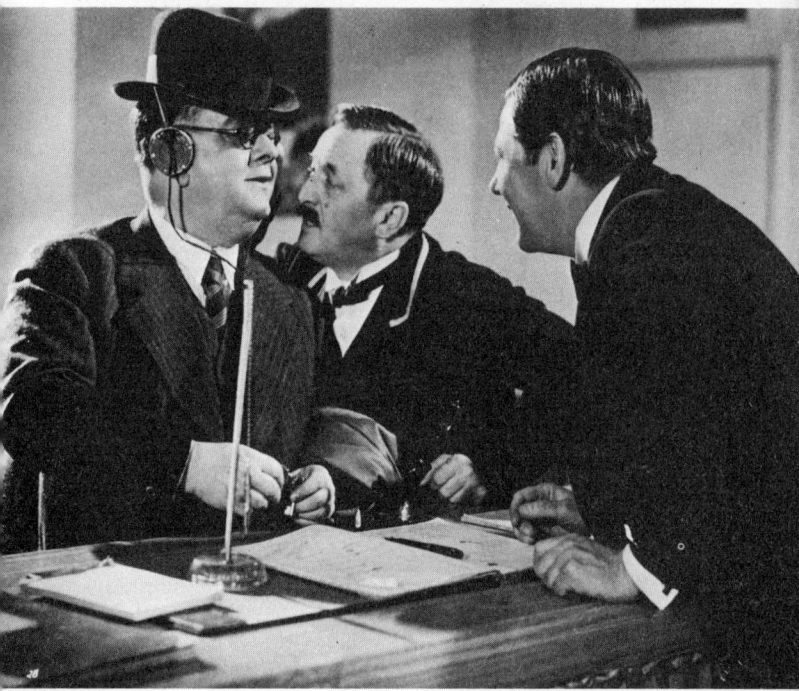

1938 spielte Hans Moser in dem Film ›Die unruhigen Mädchen‹.

ja schrecklich über ihn lachen, mag ihn auch sehr, er ist ein wirklich lieber Kerl, aber spielen mag ich nie mehr mit ihm!‹

Der letzte frei produzierte Film in Österreich trug den bezeichnenden Titel *Finale*. Er wurde kurz vor dem Einmarsch Hitlers von Géza von Bolvary inszeniert. Die Besetzung war prominent: neben Moser als Pedell Bröselmeier spielten Käthe v. Nagy, Lucie Englisch, Theo Lingen und

Ilse Werner. *Finale* kam in Deutschland unter dem Titel *Unruhige Mädchen* ins Kino.

Hans Moser, durch die Judenverfolgung in Deutschland gewarnt, wurde unruhig. Seine jüdische Frau Blanka und seine Tochter Gretel waren in Wien nicht mehr sicher. Zwar schützten ihn noch die Leute von der Wien-Film, zwar beteuerte sogar Goebbels, daß man einen Mann wie Moser immer brauchen werde, aber daß man seine Frau in Ruhe lassen werde, das versicherte ihm niemand.

Bedrückt erlebte Moser, wie immer mehr seiner guten Freunde nach Amerika emigrierten. Max Reinhardt ging fort. Auch Peter Lorre hatte Deutschland längst verlassen. Der fast 60jährige Moser war hin und hergerissen. Wegzugehen aus seinem geliebten Österreich schien ihm unmöglich. Zu bleiben gefährlich.

Die Filmsituation in Wien hatte sich grundsätzlich geändert. Alle Firmen unterstanden der Reichsfilmkammer, die wiederum ihre Order direkt von Goebbels' Propagandaministerium bekam. Die Wien-Film, 1938 aus der vormaligen Tobis-Sascha-Filmindustrie hervorgegangen, war ganz auf Unterhaltung spezialisiert. Mit vielen Tricks versuchte ihr Geschäftsführer Karl Hartl damals die Linie der ›Wiener Filme‹ beizubehalten und nicht die von der Reichsfilmkammer gewünschten Propagandafilme zu produzieren. Die Situation war nicht ungefährlich, der Druck aus der ›Reichshauptstadt‹ enorm. Hans Moser, inzwischen neben Paul Hörbiger und Paula Wessely einer der höchstbezahlten Schauspieler, wurde anfangs zwar hofiert – aber er mißtraute den Versicherungen der Herren aus Berlin. Zumal Goebbels' Zusage, Moser könne unbehelligt mit seiner jüdischen Frau in Wien leben, 1940 dahingehend abgeändert wurde, daß Frau Blanka und Tochter Margarethe nach Budapest zu gehen hätten.

Freunde des Ehepaares Moser beschrieben die Szene, die sich am Wiener Westbahnhof beim Abschied zugetragen hat, folgendermaßen: »Hans Moser stand vor dem Zugabteil. Die Tränen liefen ihm über das Gesicht, seine Frau versuchte krampfhaft zu lächeln, die Tochter streichelte immer wieder die Hand des Vaters... Als der Zug abfuhr, blieb Moser bewegungslos auf dem Bahnsteig stehen. Er hatte die Hand noch immer zum Winken erhoben, als er diese plötzlich ballte und in Richtung eines SS-Mannes, der die Szene beobachtete, drohte: »I bring s' alle um. Wenn ich die beiden verlier, ist mir's Leben auch nichts mehr wert.«

Er kehrte nicht zurück in die Villa, in der er gemeinsam mit Blanka gewohnt hatte. Moser zog zu seiner Schwester.

»Ich ertrag's nicht«, sagte er, »durch die leeren Räume zu gehen und zu glauben, jetzt, wenn die Tür aufgeht, ist's das Reserl!«

Vom Reichspropagandaministerium erhielt Moser schließlich nach langem Warten die Genehmigung, alle vierzehn Tage nach Budapest zu fahren. Allerdings, diese Vereinbarung war auf Widerruf geschlossen. Was hieß: Sobald sich Moser nicht wohlverhielt, konnte Goebbels ihm die Reise streichen. Moser saß fest an der Angel. Wehrte er sich gegen das System, mußte er mit Sanktionen gegen Frau und Kind rechnen.

So sehr er die Haltung vieler Kollegen verabscheute, die sich im fliegenden Wechsel auf die Seite der Nazis geschlagen hatten, so wenig wagte er offen gegen die ›Reichsdeutschen‹ zu polemisieren. Wenn zum Beispiel Paula Wessely als Vorzeigeobjekt auf den großen Empfängen glänzte, versuchte Hans Moser sich unter tausend Ausreden davor zu drücken. Karl Hartl und die Leute von der Wien-Film beschworen Moser immer wieder, wenn auch nur zum Schein, so doch eine freundlichere Haltung gegenüber der Reichsfilmkammer einzunehmen. Der störrische alte Herr ließ sich nur widerwillig dazu überreden, den Gestapo-Leuten, die ihn belauerten, wenigstens äußerlich etwas entgegenzukommen.

Es gab Abende, an denen Hans Moser mit verbittertem Gesicht in seinem Lieblingslokal ›Stadtburg‹ in Wien saß und gezwungen wurde, mit dem Gestapo-Chef Kaltenbrunner im Duett seine berühmte *Reblaus* zu singen.

Hans Gustl Kernmayr, damals Chefdramaturg der Wien-Film, erinnerte sich: »Wenn Moser aus Budapest wiederkam, hatte er die Taschen und Koffer voller Salami, Schnaps und anderer Herrlichkeiten, die er bei großen Essen an die Leute aus Berlin verfütterte. Er selbst saß dann meistens an der sich biegenden Tafel, dachte an seine Frau und Tochter und versuchte sich krampfhaft als Spaßmacher. Wir, die wir ihn gut kannten, hätten am liebsten geheult über so viel Verzweiflung, die der Hansi ausstrahlte.«

Genau diese Einladungen waren es dann nach dem Krieg, die man Hans Moser ankreidete. Er habe fraternisiert, habe die Österreicher verraten, hieß es. Moser hat dazu die Stellung bezogen: Ihm war alles Politische zuwider. Er wolle nur noch in Ruhe leben, mit seiner Frau – ohne Druck.

Es gibt aus der Zeit zwischen 1940 bis Kriegsende Geschichten um Moser und sein Verhältnis zu den Herren aus Berlin. Es sind meistens nur Halbwahrheiten. Hans Moser war nie ein Kämpfer gegen das Regime. Er haßte den Krieg, weil er sein Gleichmaß bedrohte, und er war gegen Hitler, weil er aus seinem geliebten Österreich einen Polizeistaat machte. Eine ausgeprägte politische Meinung besaß er nicht. Weder im positiven noch im negativen Sinne. All die kleinen Heldentaten, die man Hans Moser später andichtete, mögen im Ansatz vielleicht stimmen, ausgeführt hat er sie sicher nicht. Er verhielt sich wie viele seiner Landsleute: abwartend und total verunsichert.

Moser schwieg und drehte einen Film nach dem anderen. Allein 1938 drehte Moser vier Spielfilme. Der 1939 entstandene Streifen *Das Ekel* unter der Regie von Hans Deppe zeigte Moser in einer neuen Rolle: als Stänkerer gegen die Obrigkeit, als quengelnder, tyrannischer Familienvater.

In diesem Film tritt ein weiteres Element Moserscher Figuren zu Tage: seine Angst, als Mann zu versagen. Dieses Problem trägt in der Form allgemeiner Weiberfeindlichkeit,

Mit Herma Relin in ›Das Ekel‹ (1939).

Rechts: ›Das Ekel‹ (1939).

Nörgelsucht und Tyrannei in der Ehe viel zur Komik bei. Dabei mußte man gerade in der Zeit des Nationalsozialismus besonders vorsichtig sein: die Institution Ehe, die Familie als Grundstock gesunden Deutschtums durfte nicht zu sehr durch den Kakao gezogen werden. Deppe, der gern einen realistischen Schluß gedreht hätte, entschied sich nach Besprechungen mit seinen Drehbuchautoren Josef Bielen und Walter Fichelscher für die ›Nazi-Variante‹: Moser kehrt am Ende geläutert in den Schoß der Familie zurück. Das Publikum liebte seinen Moser in dieser Rolle. *Das Ekel* wurde am 4. August 1939, 27 Tage vor dem Einmarsch in Polen, uraufgeführt. Sein nächster Film *Opernball* (Regie: Géza von Bolvary) wurde erstmals am 22. Dezember 1939 in Hamburg gezeigt – der Polenfeldzug war bereits zu Ende.

So sehr sich Karl Hartl bemühte, möglichst wenige seiner damals 50 Filme, die während des Krieges entstanden, nach den parteipolitischen Wünschen aus Berlin auszurichten, ganz konnte und durfte er die Reichsfilmkammer nicht verprellen.

Der 1941 unter der Regie von E. W. Emo gedrehte Moser-Film *Liebe ist zollfrei* ist zwar keiner dieser ›Blut-und-Boden-Filme‹ faschistischer Prägung, wie zum Beispiel *Leinen aus Irland* (1939) mit Paula Wessely, doch ›Hohn und Spott über die Demokratie goß auch dieser Film aus‹, schreibt der Filmhistoriker Fritz.

Die zeitgenössische Kritik lobt diese ›Synthese aus einem urwüchsigen Buch (der Film entstand nach der gleichnamigen Operette von Victor Leon und Leo Stein, das Drehbuch schrieben Ernst Marischka und Axel Eggebrecht) und feinnerviger, pointenreicher Regiearbeit, als ... einen ungewöhnlichen Lacherfolg‹. und: ›Daran ist Hans Moser ebenso maßgeblich beteiligt wie der witzreiche und mundartliche Dialog!‹

Allerdings, der Bogen, was die Wiener Mundart angeht, scheint in *Liebe ist zollfrei* doch etwas überspannt worden zu sein. An alle Darsteller der Wien-Film erging am 24. 5. 1944

›Liebe ist zollfrei‹ (1941): Hans Moser scheint hier nicht dieser Ansicht zu sein.

folgende interne Verordnung: ›Von unserer vorgesetzten Behörde werde ich darauf hingewiesen, mit besonderer Sorgfalt darauf zu achten, daß in unseren Filmen der Wiener Dialekt, der Alpen und der Donaugaue so abgestimmt, d. h. dem in Großdeutschland allgemein verständlichen Schrift- und Hochdeutsch angepaßt wird, daß unsere Filme dem deutschen Publikum aller Stämme verständlich bleiben . . .‹

Hans **M o s e r**
W i e n XIII,
Auhofstrasse 76

RFK.Nr. 10250
Reichsdeutscher.

~~RFK Urkundensteuer in Höhe entrichtet~~
~~3. April 1941~~ , den .... 15.Oktober 1940.
Wien, den ....
Finanzamt für Verkehrssteuern
Einanzkasse

Emm - Hein
Film.

Angebotsschreiben

(Anstellung für Einzelfilme)

Wien-Film Gesellschaft m.b.H
II. Abteilung des Vorsitzenden
geprüft
31. OKT. 1940 Kartei No. N 241
~~Reichsfilmkammer - Filmnachweis~~

~~3. April 1941~~

W I E N VII/62,
Strasse der Julikämpfer 31.

Ich mache Ihnen hierdurch folgendes Angebot, an das ich mich bis zu einem von mir zu erfolgenden schriftlichen Widerruf, jedoch mindestens ....1........ Tage lang, beginnend mit dem Datum dieses Angebotsschreibens, gebunden halte.

1. Sie verpflichten mich für Ihre Firma und für diejenigen Firmen, die in ~~Ihrem Auftrage oder in Ver-~~ bindung mit Ihnen oder für deren Rechnung Sie Filme herstellen,

Im Kontrollbuch unter

als **Hauptdarsteller**

No. 496 geführt.

für die Rolle des ....•-...........................

in dem Film mit dem voraussichtlichen Titel " **Liebe ist zollfrei** "

1. November
die Vertragszeit beginnt ~~XXX~~ ~~ca. 20. Oktober~~ 1940. .... und endet

~~XXXXX~~

b) mit Beendigung meiner Rolle *15. Dezember 1940* x *VII*

~~XXXXXXXXXXXXXXXXXXXX~~

~~XXXXXXXXXXXXXXXXXXXXXXXXXXXXXXXXXXXXXX~~ *mmmglich Frist*

3.**) Ich erhalte einschließlich des gesetzlich vorgeschriebenen Steuerabzuges, über dessen Höhe ich eine Bescheinigung meines zuständigen Finanzamtes zu beschaffen habe, ein Honorar von

RM. ....•-........ ~~xxx Pauschale für die Dauer des Films~~

RM. **2.000.-** (Reichsmark zweitausend) Auszahlung erfolgt tägli
für jeden Tag, an dem ich an einer Aufnahme mitwirke,

RM. **20** (**zwanzig**) **Drehtage garantiert.**
für jede Woche.

RM. ....•-........ für jeden Monat. *jede weitere Drehtag 2 000.- RM*

Bei Nachaufnahmen erhalte ich einschließlich des gesetzlichen Steuerabzuges

RM. ......•-...... pro Tag, RM. ...-•-... pro Woche, RM. ....-•-.... pro Monat.

Sollten nach Beendigung des Films noch irgendwelche Synchronisierungen, insbesondere die nachträgliche Synchronisierung des Films in stummer Fassung mit Toneffekten, Sprach-, Gesangsvorträgen oder Vorträgen sonstiger Art vorgenommen werden, so stehe ich Ihnen hierfür zu einem

täglichen Honorar von RM. ......-•-......

(einschließlich des gesetzlichen Steuerabzuges) zur Verfügung. Dieses Honorar ist mir für jeden Tag, an dem ich an einer Aufnahme mitwirke, zu zahlen. Ist der Honorarsatz nicht ausgefüllt, so gilt bei Filmschaffenden, die gegen ein Tageshonorar von nicht mehr als RM. 200.— (zweihundert Reichsmark) beschäftigt sind, ein halbes Tageshonorar als vereinbart.

*) Zu **a**, **b** und **c**: Entsprechendes ausfüllen, Nichtzutreffendes streichen. Zu 2c: Bei unklarer und ungenügender Ausfüllung gehen datenmäßige Angaben vor.
**) Entsprechendes ausfüllen, Nichtzutreffendes streichen. — Zur Beachtung: Der Steuerabzug muß auch dann erfolgen, wenn der Filmschaffende im Ausland beschäftigt wird!

Ich bin nicht berechtigt, ohne Ihre ausdrückliche Erlaubnis meine Vergütungsansprüche gegen Sie an Dritte zutreten.

sondere Vereinbarung: Meine Arbeitszeit erstreckt sich an jedem Samstage nur
bis 16 Uhr. Diäten in der üblichen Höhe erhalte ich von Ihnen nur dann,
wenn ich ausserhalb Wiens oder — falls ich meinen Wohnort wechsle —
ausserhalb meines neuen Wohnsitzes für Sie tätig sein muss.
Ich nehme zur Kenntnis, dass der durch Ihre Annahme meines Angebotes zu-
standekommende Vertrag vom Standpunkte der Lohngestaltung aus erst wirksam ist, wenn der Sondertreuhänder d.A.f.d.k.B. den Vertrag ausdrücklich
oder stillschweigend genehmigt hat (vergleiche § 3 der Anordnung des
Sondertreuhänders d.A.f.d.k.B. vom 20.II.1940.).
Sollte der Sondertreuhänder d.A.f.d.k.B. eine andere als die umseitig bezeichnete Gage für mich als angemessen erachten, so erkläre ich mich mit
dieser geänderten Gage jetzt schon einverstanden.

4. Ich versichere, daß ich ~~xxxxxxxxx~~ bis zur Beendigung dieses Vertrages keine anderen als die nachstehend benannten Ver-
ichtungen eingegangen bin: ....

....

....

....

....

5. Ich versichere, daß keine sich möglicherweise aus § 2′ Abs. 2 LUG. herleitenden Rechte an den von
r gesprochenen, gesungenen oder in sonstiger Weise im Ton- oder Sprechfilm wiedergegebenen Stellen, also
ne Bearbeitungs-, Wiedergabe- bzw. Aufführungsrechte, die aus der Uebertragung meiner Leistungen auf Vor-
htungen für mechanische Musikinstrumente oder auf Tonfilm etwa entstehen, auf Dritte, insbesondere nicht
Verwertungsgesellschaften irgendwelcher Art, übertragen oder mit Rechten Dritter belastet, noch insbesondere
pfändet sind; vielmehr sind derartige Rechte von vornherein und mit der Maßgabe der ausschließlichen Ver-
rtung auf Sie übergegangen.

6. Besondere Vereinbarung: ....

....

....

....

Ich unterwerfe mich im übrigen den bei Abschluß des Vertrages in Kraft befindlichen Allgemeinen Anstel-
gsbedingungen, von denen ein Exemplar hier beigeheftet und ein weiteres mir ausgehändigt worden ist.

vergleiche Änderung § 1 Ziffer 3 und 4
Ich bitte um Ihren Bescheid.

Hans Moser

(Unterschrift.)

*1940 mußte auch ein Hauptdarsteller und Star wie Hans Moser erst ein ›An-
gebotsschreiben‹ abfassen, bevor er für einen Film verpflichtet werden konnte.
Das ›Angebot‹ wurde dann von der Produktionsfirma angenommen (siehe
nächste Seite).*

Verteilung :

1. Vertragsarchiv
2. Prod. von Neusser
3. Prod. Ewert
4. Auftragsprod. Emofilm
5. Filmüberwachung Hr.Hoffmann
6. Filmnachweis
7. Buchhaltung (Dienstvertrag)

Herrn B. Reserve
Hans M o s e r ,
W i e n   XIII.,

Auhofstrasse 76

15.Oktober 1940   Dr.Schw/Sl   29.Oktober 1940

Film Nr.118 "Liebe ist zollfrei"

Sehr geehrter Herr Moser !

Wir bestätigen bestens dankend den Empfang Ihres
Angebotsschreibens vom 15.Oktober 1940. Wir nehmen Ihr Angebot
hierdurch mit folgenden Massgaben an :

1.) Punkt 2.) Ihres Angebotsschreibens soll lauten :

" Die Vertragszeit beginnt am 1.November 1940 und endet
" am 15.Dezember 1940. "

2.) In Punkt 3.) Ihres Angebotsschreibens wird nachstehender
Satz aufgenommen :

" Für jeden weiteren Drehtag RM 2.000.-- . "

Die Entrichtung der Urkundensteuer werden wir von
der Finanzkasse auf den Original Ihres Angebotes vermerken lassen. Die Hälfte der Urkundensteuer geht vereinbarungsgemäss zu
Ihren Lasten.

Wir begrüssen Sie bestens mit

H e i l   H i t l e r !

W i e n - F i l m
Gesellschaft m.b.H.

Eine berühmte Operettenverfilmung: ›Wiener Blut‹ (1942). Links Fritz Imhoff, rechts Theo Lingen.

Moser, der ebenfalls diesen Brief erhielt, mochte sich nicht fügen: »Wenn ich net nuschel, bin i net komisch«, sagte er kopfschüttelnd. »Außerdem, ›Nuscheln‹ is ka Dialekt!«

Mosers Wienern und Nuscheln wurde zähneknirschend geduldet. Die Leute gingen deshalb ins Kino und außerdem, jeder seiner Filme war ein kommerzieller Erfolg.

Allein der 1942 fertiggestellte Streifen *Wiener Blut* unter der Regie von Willi Forst hatte schon nach acht Monaten

Laufzeit Verleiheinnahmen von über sieben Millionen Reichsmark erzielt. Eine Summe, vor der man auch in Berlin nicht die Augen verschließen konnte. Die Wien-Film war die einzige reichsmittelbare Firma, die ohne Verluste abschloß und deren Produktionen große Gewinne abwarfen. Sie wurde geduldet, aber nicht geliebt.

Je heftiger der Krieg draußen im Reich tobte – desto gefährdeter wurde Hans Mosers Stellung in Österreich. Seine vierzehntägigen Reisen nach Budapest waren zwar noch geduldet, aber niemand wußte, wie lange dies noch der Fall sein würde. Moser selbst war sich über seine Situation sehr wohl im klaren. Einen Ausweg kannte allerdings auch er nicht. Seine Tochter Margarethe hatte in Budapest einen Argentinier kennengelernt und geheiratet. Das Paar wollte nach Buenos Aires auswandern. Moser, den bevorstehenden Untergang vor Augen, gab ihr einen Koffer mit Silbermünzen, Wertpapieren und Gold mit. Margarethe Hasedeu-Moser sollte ihn bei einer argentinischen Bank deponieren.

Moser selbst blieb in Wien. 1943 drehte er unter der Regie von Géza von Bolvary den Durchhaltestreifen *Schrammeln*. Das Drehbuch, von Hans Gustl Kernmayr und Ernst Marischka geschrieben, gehörte zu jenen von der Reichsfilmkammer verordneten Harmlosstoffen, wie sie praktisch bis zu Kriegsende in allen Ateliers produziert werden mußten.

Obwohl man die unkomplizierten, fröhlichen Wiener Filme in dieser chaotischen Zeit dringend benötigte, war die Liebe der Reichsdeutschen zu den Österreichern, speziell zu den Wienern, keine besonders herzliche. So stänkerte zum Beispiel der *Völkische Beobachter* in seiner Ausgabe vom 18. 1. 1943, aufgehängt an der Figur Hans Mosers: ›Tatsächlich verkörpert der Menschentyp, den Moser geschaffen hat, die genial konzentrierte Schwäche des Wieners, wie sie sich seit der langen Liquidierung der Kaiserstadtgloriole herauskristallisiert hat: nämlich den Minderwertigkeitskomplex dieses Menschenschlages, der eine alte Kultur im

In ›Wiener Blut‹ (1942).

Blut fühlt und reizbar, nörgelnd und ironisierend einem unsichtbaren Gegner standhalten zu müssen glaubt, wo immer er auf Widerstand stößt, wo Neues, Fremdes in seinen Blickkreis kommt.‹

Die Wien-Film, bislang von den teilweise schikanösen Verordnungen der Reichsfilmkammer verschont, wurde ab Januar 1943 mit immer konfuseren Verfügungen aus Berlin bombardiert. So verlangte eine Anordnung vom 17. Januar 1943, daß die Filme, die ausführliche Landschaftsmotive oder Reisesujets, opulente Essens- oder Trinkszenen enthielten, nicht mehr gedreht und vorhandene Streifen nicht mehr eingesetzt werden durften. Außerdem wurde allen Schauspielern auf einer gesondert beiliegenden Namensliste, auf der zu oberst Hans Mosers Name stand, verboten: Kraftfahrzeuge zur Fahrt ins Atelier zu benutzen, sich privat in fröhlichen Situationen fotografieren zu lassen oder gar Interviews zu geben, in denen auf die politische Situation eingegangen wurde. Moser, der, als sparsamer Mensch bekannt, sich in seine Verträge den Passus hatte schreiben lassen, daß seine Filmgarderobe nach Beendigung der Dreharbeiten in seinen Besitz übergänge, mußte ebenfalls laut einer neuen Anweisung in Privatkleidern erscheinen und diese kostenlos zur Verfügung stellen.

Seine Lage war alles andere als rosig.

Nichtarische Filmschaffende durften unter gar keinen Umständen mehr beschäftigt werden. Sonderregelungen wurden rückgängig gemacht. Die Angriffe gegen seine jüdische Frau setzten wieder verschärft ein. Der Waffenstillstand schien beendet, als Goebbels den Schauspieler 1944 aufforderte, sich nun endgültig von seiner Frau Blanka scheiden zu lassen. Moser war verzweifelt. Er begann sich Vorwürfe zu machen, daß er seine Frau nicht mit der Tochter nach Argentinien geschickt hatte.

Auf der anderen Seite, das Ende des Krieges war abzusehen. Hans Moser riskierte es, seine Frau zurück nach Österreich zu holen. In Zell am See erlebten sie die letzten

In ›Schrammeln‹ (1944).

Tage des Dritten Reiches. Den Mosers ging es schlecht. Ihr Haus in Wien war niedergebrannt, das Landhaus in Ober St. Veit ebenfalls, das Geld, das Moser in den letzten Kriegsjahren verdient hatte, war nichts mehr wert. Obwohl er neben Hörbiger und Paula Wessely zu den höchstbezahltesten Schauspielern gehörte, war er jetzt bettelarm.

Mit den Amerikanern kamen Hans und Blanka Moser schließlich bis nach Salzburg. Moser wurde gebeten, seine berühmte Nummer *Den Dienstmann* auf englisch zu spielen. Die Gage war so verlockend, daß Moser einwilligte, obwohl er kaum englisch sprach. Der Abend vor den Amerikanern war ein voller Erfolg. Moser spielte diesen *Porter of Vienna* allabendlich. So konnte er zumindest für die erste Zeit den Lebensunterhalt für sich und seine Frau verdienen.

In Österreich hatten inzwischen die Aufräumarbeiten begonnen. Zaghaft eröffneten die ersten Theater. Keiner der Intendanten war sich klar, was die Leute sehen wollten. Waren nur Schwänke oder Operetten gefragt? Oder konnte man diesem Trümmerpublikum auch schwere Sachen zumuten?

Hans Mosers erste Rolle nach dem Krieg 1946 war *Der wahre Jakob* im Raimund-Theater. Zwar spielte Moser in der Imhoff-Inszenierung die Hauptrolle – trotzdem fühlte er sich fehlbesetzt. Erst als ein Jahr später Willi Forst ihm die Rolle des Zeus in *Orpheus in der Unterwelt* an der ›Volksoper‹ anbot, begann seine Nachkriegskarriere wirklich. Inzwischen arbeitete man auch wieder in den alten Ateliers der Wien-Film.

1947 drehte Hans Moser dort zwei Spielfilme. *Die Welt dreht sich verkehrt* und *Der Hofrat Geiger,* beides anspruchslose Komödienstoffe, die dem Nachkriegsgeschmack entsprachen.

Hans Moser, jetzt beinahe 70 Jahre alt, nahm jede ihm angebotene Rolle an. Viele seiner Kollegen spöttelten über diesen inzwischen sehr verbittert wirkenden kleinen Mann, der sich zuerst nach der Gage und dann nach dem Drehbuchautor erkundigte. Ihn selbst ließ das kalt.

»Es gibt keine noch so schlechte Rolle, als daß ich nicht doch etwas daraus machen könnte«, nuschelte er. Ihm war es gleichgültig, ob seine Regisseure Willi Forst, Franz Antel oder Hans Deppe hießen. Er spielte, kassierte und sparte. Die Stories über Mosers sprichwörtlichen Geiz machten die

In ›Mariandl‹ (1961), einem Remake des 1948 gedrehten Films ›Der Hofrat Geiger‹, spielte Conny Froboes die weibliche Hauptrolle.

Mit Paul Hörbiger in ›Der Hofrat Geiger‹ (1948). Untertitel des Films: ›Mariandl‹.

Runde, wo immer der alte Herr auftauchte. Ob er nun bei einem Vertrag mit aushandelte, daß er täglich 10 Telefonate gratis aus dem Produktionsbüro führen durfte, oder sich mit listigem Augenzwinkern selbst bei Unbekannten zum Glas Wein einladen ließ: Moser war sich sehr wohl bewußt, daß man darüber sprach. Er wußte auch, daß nicht alle Kollegen und Regisseure von seiner Art, sich in den Vordergrund zu spielen, begeistert waren.

Oft gab es in den Ateliers auch Ärger, wenn einer der Hauptdarsteller bemerkte, daß Moser über Nacht um ein Drittel geschrumpft war, weil dieser Grantler so lange an den Drehbuchautor oder Regisseur hingenörgelt hatte, bis dieser ihm die Striche genehmigte.

Einer, der unter Mosers Strichen leiden mußte, war Peter Alexander. Bei einem Remake der *Fledermaus* (1962) strich Moser heimlich zwei Strophen seines Mitspielers, damit die eigene Rolle größer wurde. Moser wollte der Star sein, und er spielte alles aus, was er in den 50 Jahren seiner Karriere

Wieder einmal als Frosch in ›Die Fledermaus‹ (1962) als Partner von Willy Millowitsch und Peter Alexander.

gelernt hatte. Von der liebenswürdigen Intrige bis zum bockigen Streik. Erstaunlicherweise verziehen ihm Kollegen und Regisseure diese Allüren. So widerborstig dieser Greis sein konnte – er hatte auch liebenswerte Seiten. Jungen Kollegen zum Beispiel half er oft ohne große Worte. Unter ihnen fühlte er sich auch bedeutend wohler als mit Leuten seines Alters. »I mag net verkalken«, begründete er diese Vorliebe.

Je älter Hans Moser wurde, desto mehr zog er sich in seinen kleinen Kreis von Freunden zurück. Wirklich einlassen mochte er sich nicht mehr mit den Menschen. Einen Großteil Schuld an dieser eigenbrötlerischen Haltung trägt das Zerwürfnis mit seiner einzigen Tochter.

Als die Mosers 1954 zu einem Besuch nach Buenos Aires kamen, erklärte Margarethe Hasedeu-Moser, daß die gesamten Wertsachen der Eltern verloren seien, weil sie in den vergangenen Jahren nicht in der Lage gewesen sei, die Depotgebühren für das Banksafe zu bezahlen. Hans Moser und seine Frau Blanka kehrten enttäuscht nach Österreich zurück. Als dann kurze Zeit später das einzige Enkelkind starb, weil, so mutmaßten die Großeltern, der Arzt zu spät benachrichtigt wurde, kommt es zum offenen Bruch.

Hans Moser enterbte seine einzige Tochter und setzte seine Ehefrau Blanka als Alleinerbin ein. Nach Mosers Tod kam es dann zu häßlichen Erbstreitigkeiten. Sein Vermögen, das damals im Jahre 1964 auf knappe 2,2 Millionen Mark geschätzt wurde, erhielt Ehefrau Blanka. Die Tochter bemühte Anwälte, um ihre Mutter entmündigen zu lassen. Ohne Erfolg. Als dann Jahre später Blanka Moser im Altersheim ›Föhrenhof‹ starb und das gesamte Geld gemeinnützigen Vereinen übereignete, strengte Margarethe Hasedeu-Moser erneut einen Prozeß an, den sie nach einem endlosen Instanzenweg auch gewann.

Hans Moser scheint diese private Tragödie geahnt zu haben. »Ich weiß gar net, für wen ich soviel arbeit! Wenn die Blanka nimmer ist, wird sich sowieso niemand mehr an

Eine Paraderolle: der Frosch in ›Die Fledermaus‹ (1937). Hans Moser hier mit Friedl Czepa.

meine letzten Verfügungen halten!« Aufhören zu arbeiten mochte Moser demnach nicht.

In den Jahren nach dem Zweiten Weltkrieg drehte er 55 Spielfilme. Es waren meistens die üblichen Klamotten, billig gemachte Heimat- oder Komikfilme, die ihm wenig Möglichkeit boten, sein ganzes Können einzusetzen.

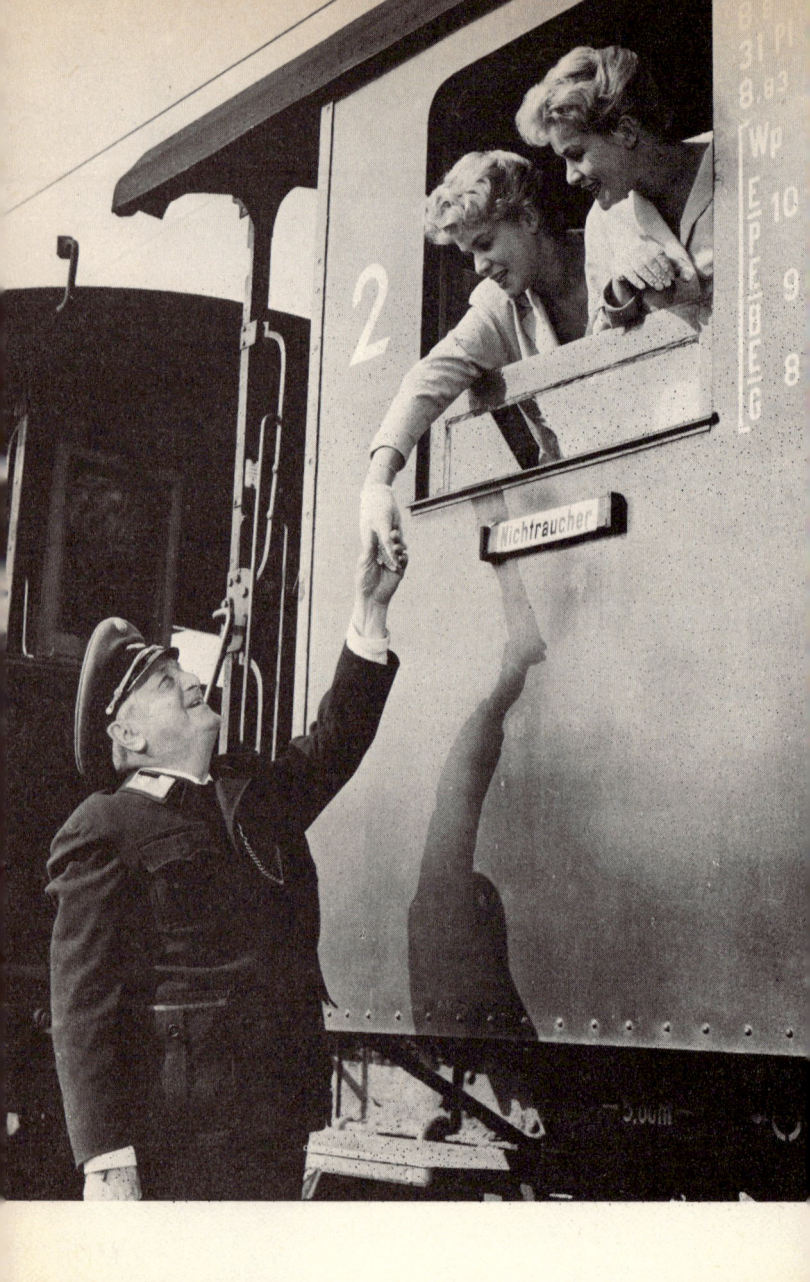

Für die meisten seiner Kollegen war es unverständlich, weshalb Moser in all diesen Filmen spielte. Absolut unbedeutende Streifen wie *Die unentschuldigte Stunde* (1957) oder *Der Sündenbock von Spatzenhausen* (1958) ließen völlig vergessen, welch großartiger Menschendarsteller Hans Moser eigentlich sein konnte. Man stellte ihn auf die gleiche Stufe wie Oskar Sima oder Fritz Eckhardt, ließ ihn quasi sein Repertoire herunterspulen und freute sich, wenn nur die Kasse stimmte.

Hans Moser selbst spürte sehr wohl die Diskrepanz zwischen dem, was man ihm beim Spielfilm abverlangte, und dem, was er hätte leisten können. Aber er sah keinen Weg, viele seiner banalen Rollen auf das Niveau hochzuspielen, das er als Theaterschauspieler hatte. So sieht man zwar in dem 1958 gedrehten Film *Herrn Josefs letzte Liebe,* in dem er einen Diener darstellt, der sich um nichts in der Welt von seiner letzten Liebe, einem Hund, trennen möchte, Ansätze zu wirklich großen Szenen. Ausspielen will oder kann er sie nicht.

Ganz anders verhält es sich da mit einem seiner letzten Filme. *Der verkaufte Großvater* unter der Regie von Hans Albin 1962 gedreht, liegt qualitativ auf der gleichen Höhe wie seine Bühnenrollen. Während andere Darsteller, zum Beispiel Carl Wery, diesen Großvater als gutmütigen, besonnenen Alten darstellten, machte Moser aus ihm einen verkniffenen, verschlagenen Greis, der aus seiner anfänglich gezeigten Senilität plötzlich zu einer vitalen Aktivität aufblüht. Dieser Sieg des schwachen, kleinen Mannes, der vom Leben benachteiligt sich doch nicht ganz unterkriegen läßt, der seine listige Verschlagenheit dazu benutzt, um zu seinem Recht zu kommen, ist in vielen Figuren Hans Mosers zu erkennen.

Mit den Günther-Zwillingen (Isa und Jutta) drehte Hans Moser ›Der Sündenbock von Spatzenhausen‹ (1958).

Hans Moser, Wolf Albach-Retty und der Hund ›Bärli‹ in ›Herrn Josefs letzte Liebe‹ (1958).

›Der verkaufte Großvater‹ (1962) mit Michl Lang und Hubert von Meyerinck.

Eine sehr differenzierte Rollenauffassung bot Hans Moser in ›Der verkaufte Großvater‹ (1962). Hier mit Hubert von Meyerinck und Erika von Thellmann.

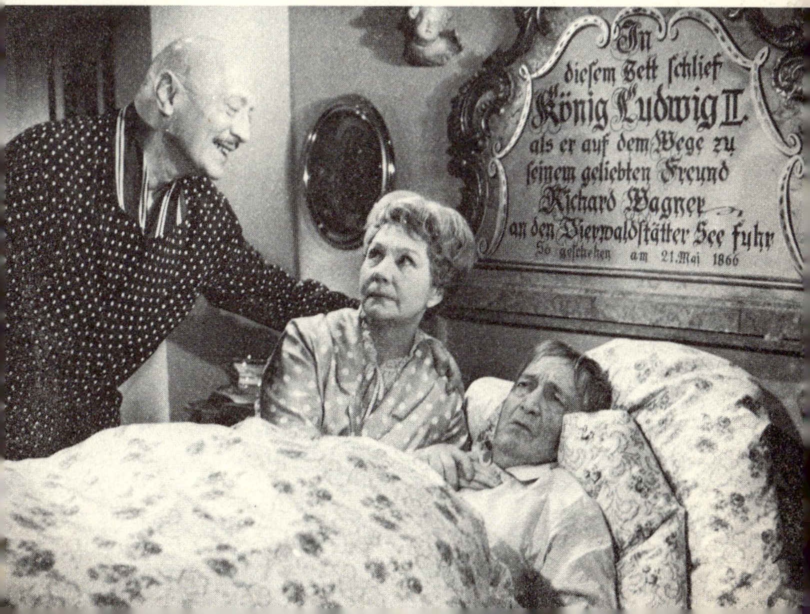

In diesem Bett schlief König Ludwig II als er auf dem Wege zu seinem geliebten Freund Richard Wagner an den Vierwaldstätter See fuhr. So geschehen am 21. Mai 1866

Während Hans Moser in seinen früheren Filmrollen dieses von ihm erfundene ›Nuscheln‹ oft zu massiv einsetzte, während er grimassierend und mit den Armen rudernd die Szene beherrschte, zeigen seine späteren Rollen einen Schauspieler, der ein Meister der leisen Töne geworden ist.

Die Empörung über die Ungerechtigkeiten des Lebens ist kurz vor seinem Tod total verschwunden. Die Einsicht, daß ›man's eh nehmen muß wie's kommt‹ – so Moser in einem seiner letzten Interviews – ist das Grundmotiv. Moser hat sich bis zu seinem Tode keine Pause gegönnt. Die Fernsehsendung *Zwei bessere ältere Herren* mit seinem guten Freund Paul Hörbiger war der letzte große öffentliche Auftritt. Hier zeigte sich nochmals, wie ihn sein Publikum liebte: als Volkssänger und Komiker in seinen berühmtesten Nummern. Und als er mit zittriger Stimme, sehr schmal geworden, in einem Anzug, der ihm Nummern zu groß war, zu seinem berühmtesten Lied die ›Reblaus‹ anhob, bekamen sogar die Mitspieler vor Rührung feuchte Augen. Bei der Zeile, in der es heißt, daß der Herrgott droben vielleicht doch einen himmlischen Weinberg angelegt hat, wirkte Hans Moser eigentlich schon wie einer, dem längst klar war, daß er seine zukünftigen Glaserln nicht mehr in einem irdischen Heurigen trinken würde.

Ähnliches muß auch der Wiener Kritiker Hans Weigel empfunden haben, als er Moser schon vom Tod gezeichnet in seiner letzten Burgtheater-Rolle, die des Polizeikonzipienten in Franz Molnars *Liliom* (1964) beobachtete. Er schrieb:

›In diesen wenigen Minuten strahlte das Ewige Licht links vorn auf der Bühne des ehrwürdigen Theaters, wie es dort heller wohl nie zuvor gestrahlt hatte. Der rührigen Direktion des Wiener Burgtheaters war es gelungen, für ihn eine Rolle in Molnars *Liliom* den lieben Gott persönlich als Gast zu gewinnen. Ein kleiner Mann, der als Statist und Chorsänger begonnen hatte, der in kabarettistischen Soloszenen und dann in Dialekt- und Jargonrollen mittelmäßiger dramatischer Fertigware populär geworden war, ein Dritter-Akt-Komiker der letzten Wiener Operettenära und Sänger von Heurigenliedern, allzu spät erst zur rechten Schauspielerei vorgedrungen und in unzähligen Filmen zur seichten Spaßmacherei mißbraucht, nur allzu selten mit ernsthaften Bühnenrollen bedacht, hat in einer kurzen Szene an die Sterne gerührt, indem er auf alles verzichtete, was er ein Leben lang auf der Bühne und im Film getan hat, indem er gar nichts mehr machte und nur aus der Fülle seiner schöpferischen Persönlichkeit einfach da war, nur er selbst und eben darum so himmlisch, wie er es nie zuvor gewesen ist und wie es kein anderer außer ihm hätte sein können!‹

Als Hans Moser noch mitten in der Laufzeit des Stücks zu einer kurzen Untersuchung ins Hanusch-Krankenhaus ging, um ein ›bisserl zu verschnaufen‹, weil er doch noch für den Sommer einen neuen Filmvertrag unterschrieben hatte, ahnte niemand, daß er nicht mehr zurückkehren würde in seine irdische Amtsstube, die doch den Kritikern schon wie eine himmlische erschienen war.

Hans Mosers Humor

Hans Mosers Humor ist ohne seine Heimatstadt Wien nicht denkbar. Seine Gestalten, noch von der Erinnerung an eine glanzvolle Monarchie zehrend, sind kleine Leute, die in ihrer Sentimentalität nicht nach vorwärts, sondern nach rückwärts leben.

Hans Mosers Diener, Hausmeister, Souffleure, Bahnwärter und Dienstmänner sind diese windschiefen, geschundenen, desillusionierten Geschöpfe, die vielfach nichts weiter besitzen als ihr eigenes bißchen Leben und dieses wenige häufig nur mit einem Lachen verschönen können. Seine Figuren, die nur jemand so persönlich darstellen konnte, der ebenfalls immer zu den Getretenen gehörte, hat Moser nicht erfunden. Sie sind in der Volkskomik seit Jahrhunderten bekannt. Der Clown mit dem verzweifelten Lachen, der Hanswurst, der sich dumm stellt, in Wirklichkeit aber die tiefere Einsicht hat, die lustige Person, oft als Tolpatsch und Verlierer gezeigt, aber immer auf der Suche nach einem Sinn im Leben, es gibt sie, seit es Komödien gibt. Mosers Verdienst ist es, daß er ihnen eine eigene Sprache gegeben hat: das Mosern.

Wenn sein Dienstmann, hilflos vor Aufregung, im Grunde viel zu alt dafür, einen so großen Koffer zu tragen, nicht etwa katzbuckelt, sondern mit List die Verantwortung und die Aufgabe von sich zu schieben versucht, bedient er sich keiner ›Schauspielersprache‹. Der mosersche Dienstmann quetscht, raunzt, kreischt, stockt, zischt durch die Zähne, um schließlich mit ein paar um Entschuldigung bittenden Gicksern und einer resignierenden Bewegung abzurechnen. Mit dieser von ihm geschaffenen Sprache vermochte Hans

›. . . und wer küßt mich‹ scheint hier Hans Moser nicht nur in dem gleichnamigen Film von 1956 zu fragen.

Moser Dinge auszudrücken, zu denen andere Volksschauspieler sich eines Arsenals von Masken bedienten.

Hans Moser hat sich, und das ist auch eine Besonderheit, nie mit Perücken oder langen Nasen verkleidet. Ihm genügte sein Alltagsgesicht, dessen Warzen er auch nicht überschminkte, und seine Normalfigur.

Daß sich in diesem ›Normalen‹ ein Teil moserscher Komik verbarg, entdeckten seine Kritiker schon 1925. In der *Neuen freien Presse*, Wien, vom 20. 8. 1925 stand: ›Kam da ein Männlein schlurfenden Schrittes nachgezappelt in viel zu weiten, schlotternden Beinkleidern, mit einer kühn gekrümmten Polizeihakennase versehen...ein letzter, ein allerletzter Hanswurst – von schallendem Gelächter begleitet.‹

So glaubte man bereits im Jahre 1925 in der äußeren Erscheinung des damals 45jährigen Moser die Attribute der lustigen Figur zu sehen, obwohl er sich ja nicht auf ein Einheitskostüm festgelegt hatte. Dieses äußere Erscheinungsbild war dann auch die Grundlage, die schon für einen großen Teil seiner Komik verantwortlich war. Wie sich diese Komik in der Wirkung dann verdoppelte, dazu meinte Alfred Polgar: »Moser hat Kredit als Komiker. Die Zuschauer lachen schon, wenn er nur Atem holt. Kommt dann wirklich etwas Lustiges, lachen sie doppelt froh: erstens über das Lustige und zweitens aus Freude, daß ihr Vorlachen nicht hinausgeworfenes Gelächter gewesen ist!«

Als Polgar dies schrieb, trat Moser in Varietés und den damals so beliebten Rauchtheatern auf. Seine Soloszenen wie *Der Krankenkassenpatient*, *Vorlesung bei der Hausmeisterin* oder *Dienstmann 13*, die er zwar nicht selbst geschrieben hatte – Moser griff auf vorhandenes Textmaterial zurück und änderte es nur entsprechend seinen Bedürfnissen und Möglichkeiten – wurden zum Erfolg.

Hans Moser in dem Film ›Liebe ist zollfrei‹ (1941).

›Mosers Karriere als einer der ersten Komiker Wiens ist gemacht‹, schrieb die *Neue freie Presse* (20. 8. 1925).

Jetzt begann Moser seine Sprache, das ›Nuscheln‹, oder wie es heute sogar im Duden steht ›das Mosern‹ zu kultivieren. Die Sprache, nicht die Maske wurde ihm zum Markenzeichen, zum Stilmittel, mit dem er alles auszudrücken vermochte, was seine Figuren bedrückte.

Oskar Maurus Fontana schrieb dazu 1948: ›Wenn er – Moser – im Überschwang der Gefühle alles auf einmal sagen möchte und dadurch die Worte alle durcheinanderbringt, wenn er vor Wut explodiert und nach Worten sucht, wenn er vor Verlegenheit oder Ertapptsein ins Stammeln ohne Ende gerät, da zeigt es sich, welch ein Meister auch im sprachlichen Moser ist . . .‹

Dieses Spiel mit den Silben und Worten, die Andeutungen und Auslassungen, das Zerdrücken und Verschlucken von Vokalen, das Stottern und Wiederholen, das berühmte atemlose Gicksen gehören zu ihm wie der fast immer gleiche optische Eindruck. Moser machte, ob gewollt oder ungewollt, bereits mit 40 Jahren den Eindruck, ein sehr alter Mann zu sein.

›Am liebsten kommt er uralt, so zwischen achtzig und hundertfünf, senil, morbid, zerbrechlich und zerbrochen, verkalkt und total verblödet. Er hat die Geschwätzigkeit des hohen Alters, die den Faden endlos von der Spule ihrer Geistesschwäche abspult . . .‹ schreibt die *Neue freie Presse* 1928 über Moser.

Volksschauspieler wie Josef Engelhart, vor dem Ersten Weltkrieg, gingen in der Darstellung ihrer Figuren noch ins Realistische und Impressionistische. Stranitzky, der Schlesier, holte seine Pointen aus der Zote, Alexander Girardi verwandelte die Wiener Armut und Lebensfreude in Sketche, Max Pallenberg legte mit seiner treffsicheren Intelli-

So liebten ihn Millionen. Hans Moser in ›Hallo, Dienstmann‹ (1952).

genz die Schwächen anderer offen. Moser hingegen bezog seine Komik aus dem Kleinhaupt derer ›Da unten‹ mit denen ›Dort oben‹.

Seine Komik kann man, ähnlich wie die Charlie Chaplins, dem Manierismus zuordnen. Dem Manierismus mit einer bis auf die Spitze getriebenen Hervorhebung der Kontraste zwischen Tragik und Komik. So unterschiedlich oft die Komik Chaplins zu der Mosers beurteilt wurde, sie sind einander ähnlich. Chaplin, der kleine Mann aus den Staaten – Moser, der kleine Mann aus Österreich. Beide sind Verzweifelte am Rande des Abgrundes. Beide Chaoten mit einem großen Schuß Sentimentalität. Beide versuchen, nicht zu resignieren und einen Zipfel Hoffnung zu lassen. Moser in seiner Sprache, Chaplin in Mimik und Gestik. Zwar ist Charlie Chaplin anders als Moser, einer, der verändern will. Der politische Zustände nicht nur aufzeigt, sondern auch anprangert, aber auch er hat diese Wehmut und Bitterkeit im Ausdruck, die einen ganz wesentlichen Bestandteil von Mosers Ausstrahlung ausmacht.

Sind direkte Vergleiche Chaplins und Mosers allein schon wegen des anderen Sprachraumes nicht möglich, so bietet sich ein anderer deutschsprachiger Komiker dieser Zeit an: Karl Valentin.

Valentin, dieser Münchner Meister des Hinterdenkens, des Fragens, der seine Zuschauer in Verlegenheit brachte, bezieht seine Komik ebenfalls aus dem Zwiespalt zwischen der Welt draußen und dem eigenen Ich. Im Gegensatz zu Moser aber, der nie fragt, sondern immer antwortet, der Zustände als gegeben hinstellt, versucht Valentin durch ständiges In-Frage-Stellen, Zustände aufzudecken und den Anstoß zum Ändern zu geben. Valentin, auch ein Zerrissener, Zweifelnder, zieht sich irgendwann immer in sich selbst zurück, verstummt gleichsam, während Moser in seiner

Willi Forst gab Hans Moser eine Charakterrolle in ›Leise flehen meine Lieder‹ (1933).

Darstellung den Ausbruch sucht. Moser, und das unterscheidet ihn ebenfalls von vielen seiner Kollegen, ist nie denunzierend oder bösartig. Während zum Beispiel Helmut Qualtinger in seinem berühmten *Herrn Karl* die kleinen Leute von ihrer miesesten Seite zeigt, während er die Dummheit und Intoleranz des Souterrainproletariats anklagt, ist Moser ihr Fürsprecher. Er hat Verständnis für sie, würde sich nie über sie stellen, sondern bemüht sich, diese hoffnungslose Welt des kleinen Mannes, ohne abfällig zu werden, darzustellen.

Es sind immer zwei Grundzüge, in die sich Mosers Gestalten einteilen lassen. Einmal ist da die Aufmerksamkeit, die er – ob auf der Bühne – oder im Film – seinem Gegenüber zukommen läßt. So gehört er zu den wenigen Darstellern, die auch im Spiel zuhören können. Man spürt förmlich, da braut sich etwas zusammen. Wenn Moser dann, genug von allen Klagen und Belehrungen, selbst zu reden beginnt, wenn er aufbegehrend verlangt, daß man ihm das gleiche Recht einräume, das er doch so selbstverständlich dem anderen zugesteht, dann entwickeln sich sehr oft beklemmende oder befreiende Situationen, die sich meistens doch in einem Lachen entladen.

Als Beispiel dient vielen Kritikern der Film *Drei Liebesbriefe aus Tirol* (1962), den Werner Jacobs gedreht hat.

Der Streifen wurde allgemein als dummes Machwerk bezeichnet. Peinlich, so hieß es in den Rezensionen, sind die Darsteller. Allerdings: ›... für wirklichen Humor sorgt in einigen Szenen nur Hans Moser.‹ Daß Moser sich auf Drehbücher von Autoren einließ, die, wie der Schreiber zahlreicher derartiger Filme, Kurt Nachmann, behauptete: »Wie gut, daß niemand weiß, daß ich auf das Drehbuch sch...!« – ist unverständlich.

Der zweite Mosersche Grundsatz: Nie von Anfang an in den Angriff zu gehen. Sich immer zuerst in der Verteidigung befinden, um dann quasi als letzte Chance über den eigenen Schatten zu springen und sich oder andere zu verteidigen.

Sie verkörperten das walzerselige Wien: Hans Moser und Paul Hörbiger in ›Wiener G'schichten‹ (1940).

Hans Moser wurde vielfach angekreidet, er habe sich aus Geldgier in Filmrollen, die weit unter seinem Niveau lagen, verheizen lassen. Natürlich ist daran einiges wahr. Moser hat sich, und das ist aus seinen langen Elendsjahren heraus verständlich, oft an Regisseure verkauft, zu Drehbüchern überreden lassen, die jeden anderen Schauspieler auf die Dauer aus dem Geschäft gebracht hätten. Um so erstaunlicher: Moser war, trotz dieser Billigklamotten, bis zu seinem Tod ein gefragter Mann.

Er hat, wie sein Freund Paul Hörbiger sagte: ». . . auch der klamottigsten Rolle noch seinen Qualitätsstempel aufdrücken können!«

Hans Mosers Wirkung im Spielfilm wurde zumeist noch durch Kontrastwirkung oder Parallelität gesteigert. So gab man ihm beispielsweise sehr oft Partner zur Seite, die, wie Theo Lingen, im Gegensatz zu Mosers langsamer, schwerfälliger Denkungsart blitzschnell und übereilt reagierten. Oder man brachte zwei Typen zusammen, die zwar in ihren Lebensumständen ähnliche Ausgangspunkte hatten, in den Ansichten allerdings weit auseinander gingen. Hörbiger spielte oft den modernen Fortschrittlichen und Moser den Konservativen, in der Tradition Verhafteten.

Dieses Rollenschema wurde bei dem Gespann Hörbiger – Moser mehr als einmal erfolgreich ausprobiert. So inszenierte z. B. Géza von Bolvary 1940 das gekonnt gemachte Lustspiel *Wiener G'schichten*. Moser und Hörbiger stellten zwei Oberkellner in Wien um 1905 dar, die nicht nur in der Ausstattung und Verwaltung ihrer beiden Kaffeehäuser, sondern auch in ihren zwischenmenschlichen Beziehungen völlig anderen Vorstellungen folgen.

Moser als Traditionsbewahrer, Raunzer und Ekel. Hörbiger als dem Fortschritt verbundener, liebenswürdiger Bruder Leichtfuß. Mosers große Stunde kommt dann, wenn er, der eigentlich nur mit griesgrämiger Miene herum›mosert‹, sein Herz und seinen Sachverstand beweisen kann, um dem anderen (Hörbiger) aus der Klemme zu helfen.

Ein Remake mit dem Titel *Ober, zahlen* drehte das Duo Moser – Hörbiger 1957 unter der Regie von E. W. Emo. Das Drehbuch nach einem Stoff von Hans Gustl Kernmayr, von Ernst Marischka geschrieben, verfolgte das alte Schema: Moser, der Griesgram mit Herz, hilft am Schluß versöhnlich dem charmanten, anfänglich so oberflächlich wirkenden ›Widersacher‹ Hörbiger.

Ein Gespann par excellence: Paul Hörbiger und Hans Moser in ›Ober, zahlen!‹ (1957).

Obwohl dieser Film nicht den Erfolg von *Wiener G'schichten* verbuchen konnte, drehte Hermann Kugelstadt ein Jahr später nach dem gleichen Muster die Klamotte *Hallo, Taxi*. Wieder ist Moser der eigenbrötlerische Konservativling, der sich weigert, seinen Fiaker gegen ein Taxi einzutauschen. Auch hier ist Hörbiger der moderne Typ, der – wie in *Ober, zahlen* statt des Kaffeehauses ein neumo-

›Anton der Letzte‹ (1939) bot Hans Moser eine Paraderolle als stockkonservativer Kammerdiener bei einem Grafen.

disches Espresso einrichten will – sein Fiakergeschäft aufgibt und sich motorisiert. Die Kritik spricht von ›mangelndem Tiefgang‹ – das Publikum mag sein Duo Moser – Hörbiger trotzdem. Der Film wird zumindest ein Kassenerfolg.

Ein Duo ganz anderer Art bildeten Heinz Rühmann und Hans Moser. Heinz Rühmann oft der schüchterne Liebhaber. Hans Moser sein listiger Diener. Oder aber beide, der scheue kleine Mann aus Deutschland und der listige Winzling aus Österreich als Davids im Kampf mit der von so vielen Goliaths beherrschten Welt.

Das Vergnügen des Publikums, das doch meistens sich selbst mit der Rolle des ohnmächtigen, aber mit unglaublichem Überlebenswillen beseelten David identifizierte, war es, die Siege dieser Unterdrückten mitzuerleben und ein wenig als ihre eigenen zu betrachten.

Eine andere sehr beliebte Moser-Figur, die er in sehr vielen Filmen in allen möglichen Varianten spielte, ist die des alten Hagestolz, der zumeist im Kleinkrieg mit Haushälterinnen und Köchinnen lebt und der von Frauen und der Ehe möglichst wenig wissen will.

Moser war die ideale Verkörperung dieses Typen in dem Film *Anton der Letzte* (1939 – Regie: E. W. Emo). Auf die Vorwürfe der Köchin (Mimi Stelzer), daß er durch seine grobe Art nie zu einer Frau kommen würde, antwortete der herrschaftliche Kammerdiener Hans Moser: »Ich brauch auch keine – solang ich gesund bin!«

Betrachtet man Hans Mosers Rollenspektrum, so sind es immer wieder die Diener, die einem besonders in Erinnerung bleiben. Er spielte sie nie gleich. Seine dienstbaren Geister gehörten nicht der Spezies huschender Schatten an. Er wußte sehr wohl auch die Rangordnung dieses Proletariats abzustufen. Auf der untersten Stufe standen bei Moser die Hausknechte. Die, die fast keine Rechte haben. Die Schuhe wienern müssen und den Abfallkübel leeren. Aber auch sie waren keine Typen, die sich so ohne weiteres der herrschaftlichen Willkür aussetzten. Sie opponierten. Oft erfolgreich gegen das Drucksystem von oben.

Die nächste, die ranghöhere Stufe sind die Ofenheizer, die immer im verborgenen bleiben sollten, aber manchmal doch mit ihren schmierigen Klamotten und den reinen Absichten ins ach so saubere bürgerliche Heim treten. Sind die Hausknechte und Ofenanzünder noch die reinsten ›underdogs‹, bilden die Schuldiener, die Warenhausdiener, die Hoteldiener schon eine gewisse, auch bürgerlich anerkanntere Gesellschaftsschicht. Moser spielte sie immer mit der Süffisance der Leute, die zwar wissen, daß sie gesell-

›Hallo, Taxi!‹ (1958).

schaftliche Systeme nicht durchbrechen können, die aber
trotzdem ihre listigen Wege zu finden wissen, um an ihr
kleines bescheidenes Glück zu kommen.

Die Krönung dieser Moserschen Dienerrollen war auf der einen Seite der Herrschaftsdiener – schon mehr selbst ein Herr, aber doch noch mit dem gesunden Bewußtsein der Unterklasse geboren – auf der anderen Seite: der Dienstmann. Jene Person, die nie auf einen einzigen Herren angewiesen ist. Die sich ihre jeweiligen Herren aussucht, oder kurzfristig von ihnen ausgesucht wird. Die nie und nimmer ihre Persönlichkeit für ein paar Heller verkauft, die immer Individualist bleibt, der sein Fiakerpferd mehr bedeutet *(Hallo Taxi)* als die aufmüpfigen und meist dummen Fahrgäste.

Hans Mosers Humor wurde im Laufe seines Lebens immer leise und subtiler. Brauchte er anfangs zusätzlich Arme und Beine, um seiner Stimme Unterstützung in der Gestik zu verschaffen, benötigte er am Ende seiner künstlerischen Laufbahn fast auch dieses berühmte ›Mosern‹ nicht mehr. Kurz vor seinem Tod genügte oft seine Präsenz, ein Blick, das Neigen des Kopfes, ein knappes Wort, um das Publikum zu begeistern.

Wenn es früher ein herzhaftes Lachen war, mit dem Hans Mosers Darstellung quittiert wurde – in den späteren Jahren war es ein Lächeln, oft Betroffenheit über die Weisheit und Menschlichkeit, mit der er seine Figuren zeichnete.

Aus dem kleinen Komiker vom Wurstelprater war ein großer Schauspieler am Wiener Burgtheater geworden.

Hans Moser in der Anekdote

Wo immer Hans Moser sich zeigte, wurden anschließend die wildesten Geschichten über ihn erzählt. Die meisten von ihnen waren frei erfunden. Einige zu boshaft überzeichnet, andere zu liebevoll hätschelnd. Moser selbst interessierte sich wenig, wie groß der Wahrheitsgehalt dieser Stories war.

»Besser gut erfunden als schlecht erzählt«, nuschelte er. Und wenn ihm eine dieser Anekdoten ganz besonders gut gefiel, stupste er seine Frau Blanka an. »Geh, merk's dir doch«, sagte er. »So gut hätt' ich's mir net ausdenken können!«

Über Mosers sprichwörtlichen Geiz wurde immer wieder geredet. Franz Antel erzählte von den Dreharbeiten zu *Hallo Dienstmann* folgende Geschichte: In diesem Film mußte sich Hans Moser mit einem Bernhardiner anfreunden. Der Hund mochte ihn nicht. Er lief, ohne Moser auch nur anzusehen, immer wieder aus der Dekoration. Schließlich kaufte Antel ein paar Dutzend Wiener Würstel, mit denen Moser das Tier anlocken sollte. Moser packte die Würstel aus, lockte das Tier damit an, und als es ganz nahe bei ihm war, aß er sie selbst auf und gab dem Hund die Pelle. Zu Antel, der ihn kopfschüttelnd beobachtete, sagte er: »Schau, ich mag diese Verschwendung nicht. Die Wursthaut tut's doch auch!«

Hans Moser saß mit seinem Kollegen Richard Romanowsky beim Essen. Für Romanowsky war es selbstverständlich, daß Moser sich um die Zeche drücken würde. Also verlangte er gleich die Gesamtrechnung. Als der Kellner das Wechselgeld brachte, legte Romanowsky zwei Schilling auf den Tisch. Moser sah nachdenklich auf das Geld, nahm dann eines der Schilling-Stücke an sich und sagte: »Richard, prassen mußt du aber nicht...«

Bei einem Presseempfang wurde Moser gefragt, was er

Hans Moser trägt vor (1946).

*So hatten sie alle Lacher auf ihrer Seite: Paul Hörbiger und Hans Moser in
›Hallo, Dienstmann‹ (1952).*

denn für Pläne habe. Moser zuckte nur die Schultern: »Ich
mache keine Pläne. Mir geht's wie dem Jänner, den man
fragt, was er denn im August vorhabe. Er weiß es nicht.«

In ›Hallo, Dienstmann‹ (1952) mit einem vierbeinigen Partner.

Hans Moser mit seiner Frau auf dem Münchner Hauptbahnhof (Mai 1949).
Er trat am 19. Mai 1949 erstmals nach dem Kriege wieder in Deutschland auf.

Nach dem Ersten Weltkrieg traf Moser seinen Kollegen
Leo Slezak. Beide hatte der Krieg arg gebeutelt. In seiner
sarkastischen Art versuchte Slezak seine Situation zu schil-
dern: »Schau her, selbst im tiefsten Frieden bin ich ja am
Theater zweimal in der Woche verpflichtet gewesen zu
sterben!« Worauf Moser antwortete: »Ja, aber mit dem

Unterschied, daß du genau gewußt hast, daß hinterher ein erstklassiges Nachtmahl auf dich wartete.«

Das griechische Königspaar gehörte zu den Bewunderern Hans Mosers. Besonders Königin Friederike mochte Mosers Komik. Bei einem Besuch in Wien gaben sie in der Botschaft einen Empfang, zu dem auch Moser und seine Frau Blanka eingeladen waren. Moser, von dem ganzen Prunk recht eingeschüchtert, saß auf einem zierlichen Sesselchen stumm neben der Königin. Um ihren Gast aufzutauen, bot sie ihm ein Glas Champagner an.

»Ach nein, Majestät«, sagte Hans Moser. »In meinem Alter muß ich mich vor sowas Kaltem hüten!« Daraufhin wärmte Friederike das Glas zwischen ihren Händen. Nach einer Weile fragte sie: »Ist's jetzt wohl warm genug?« und hielt Moser den Champagnerkelch hin. »Schon möglich«, meinte Moser, »aber besser wird's sein, wenn Majestät einmal mit dem Finger probieren würden!«

»Eigentlich sollten wir uns ›du‹ sagen«, meinte Moser zu einem Kollegen in der Theatergarderobe. »Sie sind mir sehr sympathisch und wir haben schon so oft miteinander gespielt!«

»Sehr gerne. Es wäre mir eine sehr große Ehre und aufrichtige Freude, diese Bruderschaft anzunehmen. Wann soll das denn sein?«

»Am besten gleich«, sagte Moser übereifrig. »Dann haben wir's hinter uns und ersparen uns das Viertel Wein für das Bruderschaftstrinken!«

Bei einem Faschingsfest war als Wettbewerb die beste Hans-Moser-Maske ausgeschrieben. Aus Gaudi machte Moser selbst mit. Er erhielt den dritten Preis. Als Moser seine Maske lüftete, war den Preisrichtern ihre offensichtliche Fehlentscheidung ziemlich peinlich. Hans Moser selbst lachte über die Betroffenheit der Jury. »Schaun S', im Kopieren war ich schon immer schwach. Daß I aber den Moser a net mehr treff, mein Gott, was wird der Moser dazu sagen?«

Dem älteren Moser hatte der Arzt das Rauchen verboten. Seine Frau Blanka achtete sehr darauf, daß ihr ›Hansi‹ nicht rückfällig wurde. Moser gelang es trotzdem, sie auszutricksen. Rudolf Prack, mit dem Moser mehrere Filme drehte, erzählt: »Wenn Blanka das Atelier verlassen hatte, kam Moser auf mich zu und sagte: ›Geh, Rudi, rauch eine an und laß mich ein paar ›Hacker‹ (sprich Züge) machen!‹ Mit diesen paar Hackern rauchte Moser regelmäßig dreiviertel der Zigarren oder Zigaretten auf!«

Moser hatte seit Einführung des Tonfilms Schwierigkeiten mit dem Synchronisieren. Nie schaffte er es zweimal, einen Satz genau in der gleichen Art zu sagen. Manche Regisseure fürchteten schon deshalb die Zusammenarbeit mit ihm. Ähnlich war es bei dem Remake von *Der Hofrat Geiger*, der unter dem Titel *Mariandl* gedreht wurde. Moser sollte im Tonstudio den Satz ›Also gemmas an!‹ synchronisieren. Eine Stunde lang quälten sich Regisseur Werner Jacobs und Moser damit. Dann gab er auf.

»Schickt's mir den Gunther Philip aus der Kantine«, forderte Jacobs. »Der kann den Moser doch perfekt nachmachen!«

Philip schaffte den Satz in zwei Minuten. Der Take war im Kasten.

Bei der Premiere des Film sagte Moser strafend zu Jacobs: »Ich weiß gar net, was Sie immer woll'n. Schaun's, bei dem Satz ›Also gemmas an‹ hat doch alles geklappt!«

Moser hatte überhaupt nicht bemerkt, daß Gunther Philipp diesen Satz für ihn gesprochen hatte.

Während des Krieges durfte Hans Moser auch manchmal zu Gastspielen in die Schweiz reisen. Dabei kaufte er immer sogenannte Liebespakete. Das waren Geschenkpakete, die man in den schweren Jahren nach Österreich schicken durfte. Der Inhalt war immer gleich. Kaffee, Sardinen, Schokolade – die Pakete gab es fertig in allen größeren Geschäften.

Moser, der Sardinen wie die Pest haßte, wollte immer

Fröhliche Theaterpremiere: Hans Moser mit Carola Höhn (l.) und Karin Himboldt (r.) und zwei Flaschen Gumpoldskirchner bei ›Weekend im Paradies‹ (1960).

einen Handel machen. Mehr Kaffee oder Schokolade gegen die Sardinen austauschen. Die Verkäuferin weigerte sich. Moser wurde immer eindringlicher. Schilderte, wie sehr sich der Empfänger freuen würde, wenn statt der Sardinen Kaffee drin wäre. Er erfand Stories, daß eben dieser Empfänger allergisch gegen Sardinen sei, daß er ein vom Tode Gezeichneter wäre ...

Die Verkäuferin gab nicht nach. Moser resignierte

Nicht nur im Wiener Prater, sondern auch am Münchner Viktualienmarkt war Hans Moser beliebt. Hier konnte er einem ›Busserl‹ nicht entkommen (1960).

schließlich. Als die Dame dann fragte: »Und an wen soll ich diese vielen Pakete adressieren?«, straffte sich Mosers Gestalt, er holte tief Luft und sagte in makellosem Deutsch: »An einen gewissen Hans Moser in Wien. Den, der immer so nuschelt!«

Peter Alexander, ein alter Moser-Fan, der mit ihm den Film *Die Fledermaus* drehte, erzählt:

»In der Gegend, in der wir drehten, lief ein älterer Moser-Film. Meine Frau Hilde und ich gingen ihn anschauen.

Nachher trafen wir Hans Moser in unserem Stammgasthaus beim Abendessen.«

Etwas verlegen ging der junge Peter Alexander zu Moser. »Entschuldigen Sie, Herr Moser, ich weiß nicht, ob Sie das mögen. Aber meiner Frau und mir hat dieser Film, der unten im Dorf läuft, ungeheuer gut gefallen . . .«

Lächelnd unterbrach ihn Moser: »Loben S'nur, lieber Peter, loben S' nur. Ich werd wahnsinnig gern gelobt. Und heut hab' ich noch ein Defizit.«

Hans Moser gehörte seit der Nachkriegszeit zu den best-verdienenden Plattenstars. Seine Lieder waren ungeheuer gefragt. In einer Michael-Pfleghar-Show sollten Hans Moser und Peter Kreuder mit dem Lied *Sag beim Abschied leise Servus* auftreten. Hans Mosers Gedächtnis war nicht mehr eines der besten. Er bat, den Text des Liedes auf ein Klebeband geschrieben kurz über den Tasten des Flügels anzubringen. Es war eine Live-Show. Als das Signal »Achtung Aufnahme!« kam, lief zuerst Peter Kreuder aus der Kulisse, spielte die Einleitung und als Hans Moser kam, suchte dieser vergeblich nach seinem Klebeband. Der Requisiteur hatte es zuvor entfernt, weil er annahm, es werde nur für die Proben gebraucht. Mosers Überraschung dauerte nur kurz. Er sang, nuschelte und knautschte unver-ständliche Worte hervor, und nur beim Refrain wurde er deutlich. *Sag zum Abschied leise Servus* war der einzig verständliche Satz. Das Publikum merkte nichts und applau-dierte stürmisch.

Peter Kreuder erinnert sich auch an eine andere typische Moser-Geschichte: Die Dreharbeiten verzögerten sich. Hans Moser, der zum Essen nach Hause wollte, kam nicht rechtzeitig weg. Da alle wußten, wie geizig Hans Moser war, sagte der Regisseur: »Geh rüber in die Produktion, von da aus kannst du deine Frau kostenlos anrufen.« Aber da platzte Moser der Kragen: »Geht nicht«, nuschelte er wütend. »Ich kenn meine Telefonnummer überhaupt nicht!«

*Am 15. Januar 1961 wurde Hans Moser in Wien von der Columbia die
›Goldene Schallplatte‹ vor allem als nachträgliche Ehrung zu seinem 80. Geburtstag überreicht.*

»Stell dich nicht so an«, sagte einer der Kollegen. »Du rufst die Auskunft an und verlangst nach der Nummer. Sag, daß du sie vergessen hast!«

Geschlossen zogen wir mit dem vor sich hin schimpfenden Moser zum Produktionsbüro. Moser wählte die Auskunft an. Dort entwickelte sich folgendes Gespräch: »Auskunft. Bitte, was kann ich für Sie tun?« – »Hier ist Hans Moser, Fräulein. Ich habe meine Telefonnummer vergessen. Bitte sagen Sie s' mir geschwind!« – »Tut mir leid, der hat eine Geheimnummer. Außerdem: hier rufen jeden Tag Leute an, die sich als Hans Moser ausgeben.«

»Ja, aber Fräulein, ich bitt Sie!« – »Ach, sein S' doch still. Üben Sie erst mal das ›Mosern‹, selbst hier bei uns kann man den Moser besser nachmachen, als was Sie da bringen!«

Hans Mosers Frau Blanka war seine Finanzverwaltung. Sie machte seine Verträge und kassierte seine Gagen. Davon kaufte und baute sie Häuser. Halb Grinzing gehörte der Familie Moser. Der gute Hans Moser hatte nie einen Pfennig in der Tasche. Er lieferte getreulich alles ab, um im Alter ›ja nicht arm zu sterben‹. Manchmal allerdings ärgerte er sich, daß er nie einen Groschen besaß. Dann versuchte er heimlich, ohne daß es seine Frau bemerkte, ein paar Mark nebenbei zu verdienen. Das machte er dann so:

Er ging zum Regisseur und sagte: »Was zahlst du mir, wenn ich jetzt noch mal alleine durch das Bild gehe? Dann habt ihr mich doch zusätzlich in einer Szene im Film!« Die meisten Regisseure, die Mosers diebisches Vergnügen über das ›schwarz verdiente Geld‹ kannten, machten mit.

»Klar, für einen Fünfziger schlenderst du jetzt nochmals durch.« Moser kassierte dann immer gleich bar.

Einer seiner populärsten Erfolge war das Heurigen-Lied von der *Reblaus*. Schallplatten mit diesem Lied machten einen ungeheuren Umsatz. Besonders der Satz: ›In meinem früheren Leben muß ich eine Reblaus gewesen sein‹, gefiel den Leuten besonders gut. Oft wurde Hans Moser, wenn

Nicht nur 1962 besuchte Hans Moser mit seiner Frau die Salzburger Festspiele.

man ihn beim Heurigen erkannte, von wildfremden Menschen gebeten, die *Reblaus* zu singen. Meistens schickte er sich drein und brummte ein paar Takte davon. Eines Abends war es wieder soweit. Am Nachbartisch saß ein ziemlich angetrunkener junger Mann, der ihn immer wieder aufforderte, in den Refrain: ›In meinem früher'n Leb'n muß i a Reblaus g'wesen sein‹ einzustimmen. Moser wurde immer zorniger. Schließlich, als der andere überhaupt keine Ruhe geben wollte, brüllte er: »Was Sie in Ihrem früheren Leben gewesen sind, kann ich nicht beurteilen. Im jetzigen sind S' ein Aff, ein grauslicher!«

100

Als er einen Filmboß bei einem Empfang nicht gleich erkannte und dieser sich beleidigt abwandte, zupfte Moser ihn am Ärmel:

»Entschuldigen S' scho, ich hab' so ein schlechtes Physiognomiegedächtnis. Ich bin froh, daß I meine Alte immer unfehlbar erkenn!«

Mitten im Zweiten Weltkrieg büßte auch Hans Moser alle Privilegien, die er als Schauspieler hatte, ein. Sein Wagen mit Chauffeur wurde ihm gestrichen. Er mußte wie jeder Normalbürger mit der Straßenbahn fahren. Während der Dreharbeiten zu dem Film *Schrammeln* war er wieder einmal sehr spät dran. Er raste hinter der abfahrenden Straßenbahn her und rief: »Holt! Holt!« Es gelang ihm aufzuspringen und auf dem Perron seinen Kollegen Hans Holt, der ebenfalls zu den Dreharbeiten fuhr, zu begrüßen. Ein anderer Mitfahrer, ein Reichsdeutscher, schaute Moser mißbilligend an.

»In Ihrem Alter sollte man nicht mehr aufspringen. Und außerdem: könnt Ihr Österreicher euch nicht ein sauberes Deutsch angewöhnen? Was heißt hier ›holt, holt?‹ Man sagt Halt, halt!«

Moser musterte diesen Reichsdeutschen voller Verachtung. Dann lächelte er böse.

»Wetten«, sagte er scheinheilig, »daß dieser Herr hier Holt heißt? Wetten, daß ich das auch beweisen kann?«

»Sie Schwachkopf«, ärgerte sich der andere. »Aber ich will Ihnen was sagen: ich wette mit Ihnen, damit Sie solche Witze in Zukunft lassen. Ich wette um 100 Reichsmark!«

Moser kicherte.

»Geh, Hansel«, sagte er zu seinem Kollegen, »zeig ihm deine Legitimation. Und dann: Herr Schaffner, Sie haben alles g'hört. Ich krieg die 100 Reichsmark!«

Wie Hedwig Bleibtreu schrieb auch Moser seine Rollen immer Wort für Wort in einem linierten Schulheft ab. Die

Kollegen lachten, die Regisseure wunderten sich darüber. Aber Moser meinte: »Der Volksmund sagt, was man net im Kopf hat, muß man in den Füßen haben. Aber was genauso gilt: Was man mit den Händen geschaffen hat, hat man auch im Kopf!«

Hans Moser war ein Schauspieler, der sich außerhalb seines Fachs brennend fürs Theater interessierte. Nach dem Krieg gab es in Wien viele Kellertheater. *Warten auf Godot* wurde gespielt. In einer wirklich sehr kargen Fassung. Moser saß sichtlich verwirrt herum. Viele aus dem Publikum, die wie er nichts mit dem Stück anfangen konnten, blickten hilfesuchend zu ihm.

»Wie g'fallt's Ihnen«, fragte schließlich ein Herr. Moser, ganz Loyalität gegenüber seinen Kollegen droben auf der Bühne, sagte: »Ich kann no nix sagen. Ich hör mich erst ein!«

Nach der Pause fragte ihn der gleiche Herr erneut: »Was sagen Sie denn jetzt dazu?«

Moser wand sich. »Also«, sagte er schließlich. »Ich hör einfach nix. Die Akustik ist miserabel. Was soll'n die da droben denn mit so einer Akustik machen. Da kommen sie einfach nicht an. Besonders mit solch einem Text!«

Bei dem Film *Schrammeln* mußte Hans Moser als Anton Strohmayer, der Gitarrespieler des Quartetts, auch auf der ›Klampf'n‹ spielen. Als er bei der Probe die Noten bekam, sagte Moser: »Also pack mer's gleich an!« Paul Hörbiger, der den Hans Schrammel spielte, wunderte sich:

»Ja, kannst du denn vom Blatt spielen?« fragte er.

Moser, halb beleidigt und sehr stolz: »Was glaubst eigentlich? Ich bin der geborene Musikant!«

Moser begann vom Blatt wegzuspielen. Mit so vielen Fehlern, daß alle ziemlich geschmerzt auf ihn schauten. Niemand sagte etwas, lediglich Paul Hörbiger meinte: »Grauslich!«

Moser ganz aufgebracht: »Was sagst da?«

Erstmals mit 73 Jahren setzte sich Hans Moser (hier mit seiner Frau) in ein Passagierflugzeug. Es brachte ihn von Wien zu Atelieraufnahmen des Films ›Du bist die Rose vom Wörthersee‹ (1952) nach Berlin.

»Grauslich«, wiederholte Hörbiger.

Jetzt wurde der Moser ganz zornig. Er baute sich vor dem Freund auf und kreischte: »Ja, was glaubst denn du? Brauchst du keine Prob? Klar kann i vom Blatt spieln. Aber doch net gleich des erstemal.«

Hans Moser trank gern sein Glaserl Wein. Daß es dabei oft nicht bei jenem berühmten ›an Glaserl‹ blieb, wußten viele. In der Zeit, als seine Frau Blanka mit der Tochter Margarethe von Goebbels nach Budapest geschickt worden war, trank Moser häufig viele Glaserl Wein. Seine Schwester sah dies mit Besorgnis. Vergeblich versuchte sie ihrem Bruder das Versprechen abzuluchsen, doch nach einem Glas und nicht erst nach einigen Flaschen in der Früh nach Hause zu kommen. Moser hatte auch da seine Tricks.

»Was willst jetzt für ein Ehrenwort?« fragte er. »Das österreichische oder das deutsche?«

Ans österreichische nämlich fühlte er sich als Patriot gebunden. Das deutsche konnte er getrost vergessen.

Tiere hatte Hans Moser ganz besonders gern. Wenn er sie in der Natur beobachten konnte, verzichtete er auf vieles. Aus diesem Grund nahm er auch Einladungen zu Jagdausflügen an. Mit dem Unterschied allerdings: er mochte nicht schießen. Meistens schob er sein vermeintliches Jagdpech darauf zurück, daß er kein gutes Gewehr gehabt hätte. Bei einem Jagdausflug in der Steiermark stellte man ihm dann ein besonders modernes Gewehr mit Zielfernrohr zur Verfügung. Wieder kehrte er ohne Beute heim. Die Frau des Gastgebers fragte ihn beim anschließenden Jagdessen besorgt: »Aber Herr Moser, Sie sind doch als besonders guter Schütze bekannt. Erst neulich hörte ich von einem Kollegen, daß Sie im Krieg immer getroffen hätten!«

Moser ganz empört, daß man ihn, den Schreibstubensoldaten mit einem dieser blutrünstigen Krieger verwechselte: »Klar, Gnä' Frau, getroffen hab' i immer. Aber net mit 'em G'wehr, sondern immer nur mit meinen Pointen!«

*Auch sie war von Hans Moser begeistert: Königin Friederike von Griechen-
land.*

Im ›Österreichischen Hof‹ in Salzburg liest Blanka auf der Speisekarte ›Steinpilze mit Semmelknödl‹. Der Ober nimmt die Bestellung auf. Moser fragt: »Ist der Knödel weich?« Ober: »Jawohl, Herr Moser, sehr weich!« Hansi: »Dann mag i'n net!«

Einmal saß der Hans Moser dem Gustl Waldau gegenüber, der schon merkliche Beschwerden mit seiner Zunge hatte und recht undeutlich sprach. Wiederholtes Beginnen einer Erklärung scheiterte. Moser wollte die Schuld auf sich nehmen und sagte: »Woaßt, i bin därisch (schwerhörig).« Da meinte der Gustl: »Dann komma mir zwoa nia zamm.«

An einem anderen Silvesterabend fragte Erika Köth unter Bezugnahme auf seine berühmte Kofferträger-*Dienstmann*-Szene: »Na, Herr Moser, wie werden wir das neue Jahr anpacken? – Krowotisch?« – »I moan arschlings«, antwortete darauf Moser.

Im Büro der Festspielleitung in Salzburg für Wissenschaft und Kunst wurde ihm der Orden 1. Klasse verliehen. Professor Paumgartner hielt eine Rede, sehr herzlich, sehr persönlich, und alle Herren der Festspielleitung hielten kleine Gratulationssträußerl in Händen. Moser, an diesem Tag besonders schwerhörig, hörte nur Teile der Rede. Beim anschließenden Essen wird sie ihm wiederholt. Er glaubt, der Orden, der in einer großen Kassette überreicht wird, solle um den Hals getragen werden. Die Herren belehren ihn, daß die Auszeichnung auf der linken Brustseite zu tragen wäre.

»Auf der Milz, Herr Moser.«

Hans Moser...
...und seine Stummfilme

Fast alle Stummfilme, in denen Hans Moser mitwirkte, sind verschwunden. Es gibt nur sehr spärliches Foto- und Textmaterial aus dieser Zeit in bezug auf Moser.

Von seinen ersten Stummfilmen *Kleider machen Leute* (1922), *Hoffmanns Erzählungen* (1923) und *Ssanin* (1924) existieren keinerlei Unterlagen.

Lediglich aus *Stadt ohne Juden* (1924), *Das Spielzeug von Paris* (1925) und *Hotel zur süßen Nachtigall* (1928) gibt es noch Material. Der zuerst gedrehte Stummfilm *Stadt ohne Juden* ist einer der wenigen österreichischen Filme, die in expressionistischer Manier (ähnlich dem 1919 entstandenen Werk *Das Kabinett des Dr. Caligari*) inszeniert wurden. Die Story, die quasi grausame Ereignisse vorausahnt, beschreibt einen Staat, der die Juden aus nichtigen Gründen ausgewiesen hat und als Folge davon seinen Wohlstand verliert. Die Bürger dieses Staates holen schließlich, durch den jüdischen Bräutigam einer Christin auf das Unsinnige ihrer Handlungsweise aufmerksam gemacht, die Verbannten im Triumph zurück. Hans Moser hat in diesem Streifen nicht mehr als eine größere Statistenrolle inne.

Der andere bedeutende Stummfilm ist
Das Spielzeug von Paris

Produktion:	Sascha-Film/Phoebus-Film
Länge:	3000 m, 6 Akte
Drehorte:	Paris, Wien
Buch:	Nach einem Roman von Lawrence
Kamera:	Gustav Ucicky, Max Nekut
Regie:	Michael Kertesz
Uraufführung:	16. 10. 1925, Wien
Darsteller:	Hugo Thimig, Hans Moser, Lily Damita u. a.

Inhalt: Eine Tänzerin wird durch die Empfehlung eines älteren Herrn zum berühmten Star, gleichzeitig die Freundin ihres Protektors. Als sie einen jungen Mann lieben lernt, gibt sie alles auf, um mit ihm zu leben. Sie langweilt sich und geht zu ihrem ersten Freund zurück. Später kehrt sie todkrank zu ihrem Geliebten zurück, in dessen Armen sie bald darauf stirbt.

Der Regisseur dieser deutsch-österreichischen Koproduktion war der später in Amerika berühmt gewordene Regisseur Michael Curtiz (*Casablanca*), der sich damals noch Michael Kertesz nannte. An der Kamera stand der vielbeschäftigte Regisseur Gustav Ucicky *(Das Flötenkonzert von Sanssouci*, 1930; *Der Postmeister*, 1940). Gedreht wurde für die damaligen Verhältnisse mit ziemlich viel Aufwand. Die Drehorte Paris und Wien sollten einen internationalen Verkauf garantieren.

Zeitgenössische Kritik: ›Das Sujet ist interessant und menschlich ergreifend. Die Aufnahmen prunkvoll und imposant.‹

Hans Moser wurde in der Kritik noch nicht erwähnt. Die Kritiker beachteten ihn zum erstenmal in dem 1928 entstandenen Stummfilm *Im Hotel zur Süßen Nachtigall* unter der Regie von Otto Löwenstein (Pseudonym: Hans Otto).

... und seine Tonfilme

Leise flehen meine Lieder

Produktion:	Cine-Allianz-Film (Österreich/Deutschland)
Länge:	2500 m
Drehorte:	Wien: Atelier Sievering 1933; Dürnstein, Spitz/Donau
Uraufführung:	8. 9. 1933 Berlin, 27. 9. 1933 Wien
Buch:	Willi Forst, nach einer Idee von Walter Reisch
Kamera:	Franz Planer, Albert Benitz
Musik:	Willy Schmidt-Gentner, Franz Schubert, Wiener Philharmoniker
Regie:	Willi Forst
Darsteller:	Martha Eggerth (Komtesse Esterhazy), Luise Ullrich (Emmy Passenter), Hans Jaray (Franz Schubert), Hans Moser (Pfandleiher Passenter), Otto Treßler (Graf Esterhazy)

Inhalt: Eine Version, warum die h-Moll-Symphonie unvollendet blieb: einmal störte sie die Komtesse Esterhazy durch unangebrachtes Gelächter, Monate später durch einen tränenerstickten Schrei, worauf Schubert die vier letzten Seiten der Partitur zerriß. Dazwischen liegt eine aussichtslose Neigung der beiden, die unvermeidliche Vernunftsehe, die entsagende Liebe einer Bürgerlichen.

Kritik: ›Das Buch vermeidet sklavische Anlehnung an Schubert-Biographien, greift trotzdem nicht zu billigen Mitteln, verfügt aber wohlabgewogenen, witzigen Dialog in gut österr. Mundart. Bis auf Dehnungen in der Exposition, zu welchen die musikalische Motive begleitenden Bildpassagen verleitet haben mögen, flüssige Regie mit Sinn für

Bewegung im Bild, für Atmosphäre. Jaray ein etwas modern aufgefaßter Schubert, die Eggerth gelöst und temperamentvoll. Luise Ullrich lebenswahr und echt. Köstlich Hans Mosers Pfandleiher. Die Musik ist mit Geschmack eingebaut, die Aufmachung milieu- und stilecht, auch Ton und Fotografie von Niveau.‹

Forst zu seiner ersten Regiearbeit: »Wir ließen uns eine Platte der h-Moll-Symphonie vorspielen. Mit einem Male wurde mir etwas unheimlich, und ich mußte mir sagen: Herrgott, es ist doch eine maßlose Frechheit, daß du dich unterfangen willst, die Geschichte dieser Symphonie zu verfilmen. Ich war fasziniert und begann, Tag und Nacht, mit dem letzten Einsatz meiner Person, zu arbeiten«.

Frasquita

Produktion:	Atlantis-Film (Österreich 1934)
Länge:	2318–2370 m, 10 Akte
Dreharbeiten:	Wien, Atelier Sievering, Ragusa
Uraufführung:	18. 9. 1934 Berlin, 9. 11. 1934 Wien
Regie:	Karl Lamac
Drehbuch:	Georg C. Klaren nach der gleichnamigen Operette von Arthur Maria Willner und Heinz Reichert
Kamera:	Eduard Hoesch
Musik:	Franz Lehár, Willy Schmidt-Gentner
Darsteller:	Jarmila Novotna (Frasquita), Max Gülstorff (Graf Elemér), Charlotte Daudert (Dolly, seine Tochter), Hans Heinz Bollmann (Harald, junger Architekt), Heinz Rühmann (Hypolit, sein Freund), Hans Moser (Jaromir, Diener bei Harald), Rudolf Carl (Karl, Diener), Franz Schafheitlin (Juan, ein Zigeuner)

Inhalt und Kritik: Ein Architekt soll eine Komtesse heiraten, die ihm aber schließlich sein Freund wegschnappt. Da ersterer sich vorher in eine Zigeunerin verliebt, die er nachher als Revuestar traf, ist er damit einverstanden. Eine typische Operettenhandlung ohne nennenswerte filmische Einfälle, die ihre Wirkung lediglich von Nebenepisoden bezieht. Lehárs populäre Musik und Lieder – er erscheint selbst als Dirigent – sind meist unvermittelt eingesetzt. Das Sängerpaar imponiert durch stimmliche Meriten, während es darstellerisch farblos bleibt. Die Unterhaltung bestreitet das Komikerpaar mit witzigem Dialog. Hans Moser als Diener Jaromir ist umwerfend.

Vorstadtvarieté
(Die Amsel von Lichtental)

Produktion:	Ernst-Neubach-Produktion der Styria-Film GmbH, Wien
Prod.land u. Jahr:	Österreich 1934
Uraufführung:	17. 1. 1935 Berlin
Länge:	Originalfassung: 2593 m, gekürzte Fassung: 2563 m
Regie:	Werner Hochbaum
Buch:	Werner Hochbaum, Ernst Neubach (nach dem Theaterstück »Der Gemeine« von Felix Salten)
Kamera:	Eduard Hoesch
Musik:	Anton Profes
Darsteller:	Matthias Wiemann (Josef Kernthaler, Bauzeichner), Luise Ullrich (Mizzi Ebeseder, seine Braut), Oskar Sima (Franz Ebeseder, ihr Bruder, Volkssänger), Lina Woiwode (Mutter Ebeseder), Olly Gebauer (Sophie, Volkssängerin), Hans Moser (der alte Kernthaler)

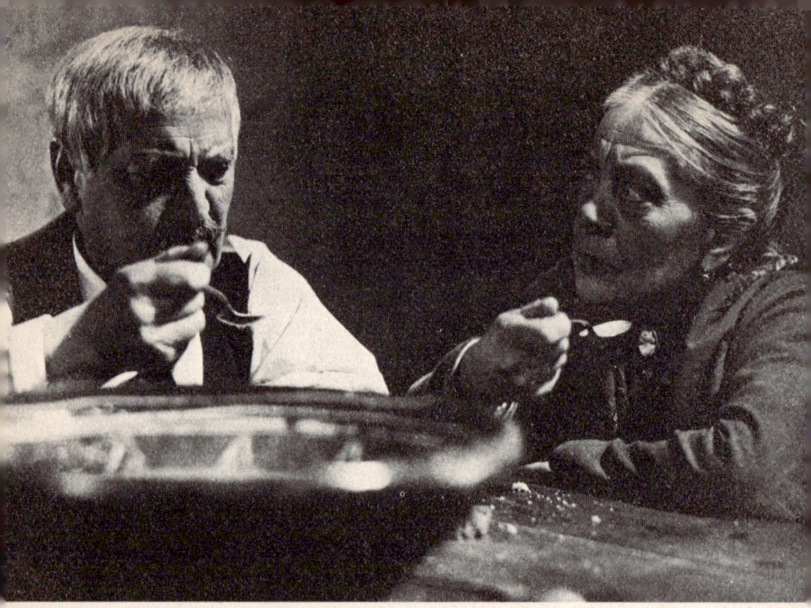

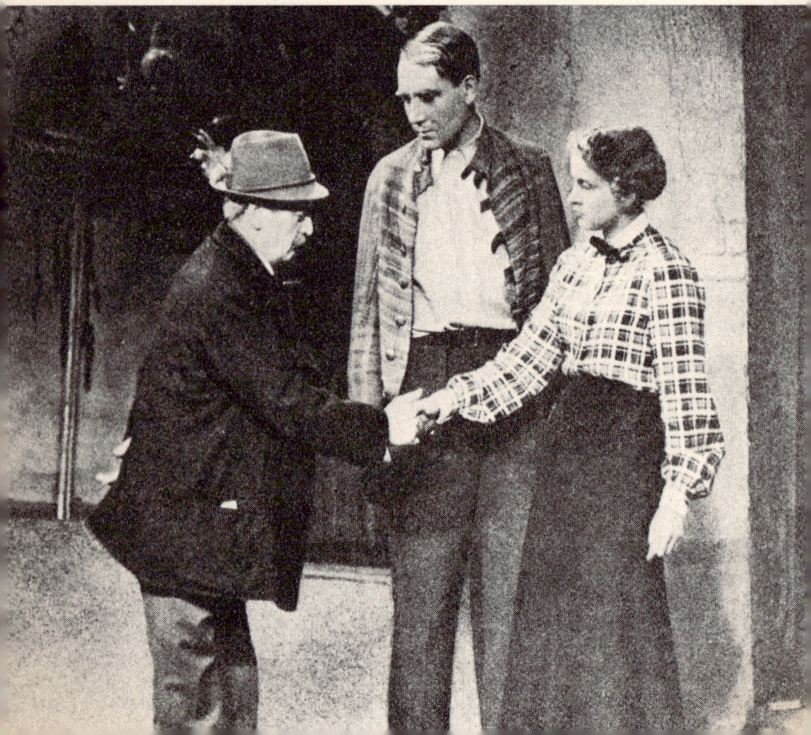

Inhalt: Es ist im Jahre 1913 in Wien. Mizzi Ebeseder und der Bauzeichner Josef Kernthaler lieben einander und wollen heiraten. Mizzi ist die Tochter der Besitzerin des in Wien beliebten Vorstadtvarietés ›Die Praterspatzen‹, in dem sie auch auftritt. Josef fürchtet, daß Mizzi in dem Varietémilieu verdorben wird. Dem Verlobten zuliebe gibt Mizzi ihre Karriere auf.

Josef Kernthaler muß zum Militär. Um Mizzi während seiner Dienstzeit vor dem Einfluß ihres ›Milieus‹ zu bewahren, bringt Josef Mizzi zu seinen Eltern auf den Bauernhof in Krems.

Mizzi fühlt sich nicht wohl in Krems und geht nach Hause zurück. Als Josef erfährt, daß bei den Praterspatzen ›Mizzi, die Goldamsel von Wien‹, eine neue Attraktion, auftritt, desertiert er aus der Kaserne, um Mizzi am Auftreten zu hindern. Josef geht, um seine Mizzi zu suchen. Mizzi ist jedoch mit ihrer Kraft am Ende. Sie eilt durch die Straßen. Immer weiter, auf die Eisenbahnbrücke. Um die Biegung kommt der Zug, der Josef nach Hietzing, wo er Mizzi vermutet, bringen soll. Mizzi steht auf der Brücke. Ihre Hände lösen sich vom Geländer, sie stürzt, während Josef ahnungslos weiterfährt . . .

Kritik: ›Werner Hochbaum . . . hat dieses Volkssängermilieu so eindringlich erfaßt, daß hinter all der Glätte auch das Minderwertige und Angefaulte, das mit dem Praterbudenzauber verbunden ist, deutlich spürbar wurde . . . Der Film erschien in Wien mit zwei Schlüssen. Die künstlerische Konsequenz war von dem Wunsch nach kitschiger Illusion besiegt worden. Hans Moser hat aus einer billig angelegten Figur eine menschliche Gestalt gemacht.‹
(Neue Presse, Wien, 10. 2. 1935)

Oben: ›Vorstadtvarieté‹ (1934) mit Frida Richard.

Unten: Auch Mathias Wieman und Luise Ullrich waren Partner von Hans Moser: ›Vorstadtvarieté‹ (1934).

Maskerade

Produktion:	Tobis-Sascha-Film, Österreich 1934
Länge:	2850 m, 6 Akte
Drehdaten:	Wien, Atelier Rosenhügel ab Februar 1934
Uraufführung:	21. 8. 1934 Berlin, 27. 9. 1934 Wien
Buch:	Walter Reisch, Willi Forst
Kamera:	Franz Planer
Musik:	Willy Schmidt-Gentner, Wiener Philharmoniker
Regie:	Willi Forst
Darsteller:	Paula Wessely (Leopoldine Dur), Olga Tschechowa (Anita Keller), Adolf Wohlbrück (Ferdinand von Heideneck), Peter Peterson (Prof. Harrandt), Hans Moser (Zacharias, Gärtner)

Inhalt: Vorkriegswien vor dem Ersten Weltkrieg. Dem berühmten Maler und Frauenliebling Heideneck steht eine Dame der Gesellschaft, nur mit Muff und Maske bekleidet, Modell. Ein Zufall bringt das Bild in die Zeitung. Da man weiß, wem der Muff gehört, droht ein Skandal. Der Maler nennt, zur Rede gestellt, einen beliebigen Namen als den seines Modells, ohne zu ahnen, daß es die Trägerin dieses Namens, die junge Vorleserin Leopoldine Dur, wirklich gibt. Auf einem Ball wird er mit dem Mädchen zusammengebracht. Sie lernt ihn lieben. Aber eine andere Frau, die Heideneck für sich gewinnen will, intrigiert und versucht schließlich einen Mordanschlag auf den Maler. Zu dem Verletzten ruft Leopoldine den Professor, der weiß, daß seine Frau des Malers Modell war.

Kritik: ›Hier wird Filmgeschichte gemacht‹, schrieb der *Daily Telegraph* in London über den Film *Maskerade* nach seiner Londoner Premiere. ›Man sah kaum einen Film, in dem Manuskript, Dialog, Gestaltung und Regie in so vollkommener Weise verschmolzen wurde.‹

Hans Moser in der Nebenrolle des Gärtners Zacharias ist sehr präzise. Die Metro hat später die Verfilmungsrechte erworben und denselben Stoff unter dem Titel *Escapade* mit Luise Rainer in der Rolle der Leopoldine Dur verfilmt, ohne damit irgendwie die Wirkung des Originals erreichen zu können.

Nur ein Komödiant

Produktion:	Horus-Film, Österreich 1935
Länge:	2590 m, 5 Akte
Dreharbeiten:	Wien, Atelier Sievering, Atelier Rosenhügel, Heiligenkreuz
Uraufführung:	20. 9. 1935, Hamburg, 10. 1. 1936 Wien
Prädikat:	künstlerisch anerkennenswert
Buch:	Wolfgang von Hester
Kamera:	Bruno Mondi, Erich W. Fiedler
Musik:	Willy Schmidt-Gentner
Ton:	Hermann Birkhofer
Regie:	Erich Engel
Darsteller:	Rudolf Forster (Herzog Friedrich Theodor und Florian Reuther), Paul Wegener (Staatsminister von Creven), Hans Moser (Melchior)

Inhalt: Ein Schauspieler vergilt die Züchtigung durch den Staatsminister mit gleichem, verhindert in der Maske des Herzogs die von ersterem anbefohlene Dezimierung von Unschuldigen. Läßt ihn verhaften, stirbt aber von seiner Hand.

Ein dramatisch wirksamer, wuchtiger Schluß nach einer bis dahin ereignis- und konfliktarmen Handlung.

Wirklich: ›. . . nur ein Komödiant‹ (1935).

Oben: ›. . . nur ein Komödiant‹ (1935).

Unten: Hans Moser in ›. . . nur ein Komödiant‹ (1935).

Kritik: ›Ein männliches Pendant zu Paula Wessely ist nur in Rudolf Forster zu finden, der in *Hohe Schule* (1934), *Nur ein Komödiant* (1935) und *Die ganz großen Torheiten* (1937) brillierte und den Typ eines in seiner Haltung aristokratischen Herrn – ein Ritter des 20. Jahrhunderts – verkörperte mit prägnanter, ins Gesicht hängender Haarsträhne. Der Moser diesmal, so wie wir ihn von der Bühne kennen: lieb und schusselig‹.

Ungeküßt soll man nicht schlafen gehen
(Wer zuletzt küßt . . .)

Produktion:	Projectograph, Wien
	Österreich 1936
Uraufführung:	27. 2. 1936
Regie:	E. W. Emo
Drehbuch:	Fritz Koselka, Rudolph Bertram
Musik:	Robert Stolz
Kamera:	Harry Stadling
Darsteller:	Heinz Rühmann (Franz Angerer), Liane Haid (Edda), Theo Lingen (Dir. Miller), Hans Moser (Dir. Wiesinger), Annie Rosar (Lydia, Wiesingers Frau)

Inhalt: Die Ankunft einer Filmdiva löst einige Aktivitäten des Schallplattenfabrikanten Wiesinger aus, um den Star exklusiv für seine Firma zu werben. Als Reklamegag wird ein Kuß der Diva versteigert, wobei Wiesinger teilnimmt und beinahe den Zuschlag erhält, als seine Frau auftaucht und er raschest seinem Nachbarn einen größeren Betrag in die Hand drückt, auf daß dieser weitersteigere. Sein Nachbar ist aber der Neffe seines Dieners, der den jungen Mann ohne Wissen Wiesingers bei sich wohnen läßt und ein Auge auf Wiesingers Tochter geworfen hat. Durch Verwechslung wird er zunächst für einen Prinzen, dann gar für den Freund der Filmdiva gehalten. Diese ist aber insgeheim schon seit ein paar Wochen verheiratet und der so Verkannte bekommt die Tochter des Schallplattenfabrikanten.

Zeitgenössische Kritik: ›Heinz Rühmann, Hans Moser und Theo Lingen: ein Komikertrio par excellence.‹ (Aus: III. Filmkurier, Nr. 1311/Wien 1936)

Schabernack

Produktion:	Algefa-Film, Deutschland 1936
Länge:	ca. 2200 m
Uraufführung:	4. 9. 1936
Buch:	H. F. Köllner nach einer Idee von Hans Saßmann
Regie:	E. W. Emo
Kamera:	Bruno Mondi
Musik:	Viktor Corzilius
Darsteller:	Hans Moser, Paul Hörbiger, Trude Marlen, Hans Richter, Paul Henckels

Inhalt: Ein schlechtgehendes Hotel bekommt plötzlich eine Menge Gäste, als das nahe gelegene Diätsanatorium in Flammen aufgeht und trotz der tatkräftigen Hilfe des freiwilligen Feuerwehrmannes Hans Moser abbrennt. Die Gäste benehmen sich scherzweise in dem Hotel so verrückt, daß man ihnen am Schluß das Normalsein nicht glaubt und den einzigen, der nicht mitmachte, erst recht für übergeschnappt hält. Dazu kommen die Mißverständnisse zwischen der Hotelbesitzerin und dem Oberkellner (Paul Hörbiger), die sich jedoch am Ende in Wohlgefallen, sprich Verlobung auflösen.

Kritik: ›Das Duo Hörbiger – Moser kann in diesem Film, der bei uns unter dem Titel *Wer ist wer?* lief, wieder aus dem vollen schöpfen, unterstützt von der bewährten Regie von E. W. Emo, die ein flottes Tempo vorlegt und das Ensemble

sicher führt. Die beiden Komiker können alle Möglichkeiten ihres Talentes voll zur Entfaltung bringen, und man
kann einer zeitgenössischen Kritik voll zustimmen, die da
meint, daß der Film ›wirklich lustig, doch ohne Albernhei-
ten‹ sei und ›qualitativ über dem Durchschnitt liege.‹

Burgtheater
(Sag beim Abschied leise Servus)

Produktion:	Willi-Forst-Film, Österreich 1936
Länge:	3400 m
Drehorte:	Wien (Atelier Sievering und Rosen-hügel), Prater und Umgebung Wiens, Mödling. 5 Tage wurde im Burgtheater gedreht.
Uraufführung:	13. 11. 1936 in Berlin
Regie:	Willi Forst
Buch:	Jochen Huth, Willi Forst, Harry Hilm
Kamera:	Ted Pahle, Hans H.Theyer, Anton Pucher, Hans Schmiedl
Musik:	Peter Kreuder, Anton Bruckner
Darsteller:	Werner Krauß (Friedrich Mitterer), Willi Eichberger (Josef Rainer), Hortense Raky (Leni Schindler), Olga Tschechowa (Baronin See-bach), Hans Moser (Souffleur Sedl-mayr), Erik Frey (Schauspieler), O. W. Fischer (Schauspieler)

Inhalt: Ein nicht mehr ganz junger Burgschauspieler (Werner Krauß), der bisher völlig in seiner Kunst aufgegangen
ist, hofft auf ein spätes Glück mit einem jungen Mädchen
(Hortense Raky). Dieses aber liebt einen Anfänger, den
eine Affäre aus der Bahn wirft. Daraufhin will der junge
Schauspieler Selbstmord begehen. Der ältere kann ihn
jedoch zurückhalten und verzichtet auch auf das Mädchen.

Kritik: ›Diese geschlossene Handlung mit nicht zeitgebundenem Konflikt ist im Vorkriegs-Wien angesiedelt (gemeint ist die Zeit vor dem Ersten Weltkrieg). Zweierlei Welten, Schein und Leben, fließen ineinander; Klassikerzitate und Alltagsdialoge werden in Beziehungen gebracht. Werner Krauß, frei von Spielastik, wandlungsfähig mit Kainzschen Zügen, hat in Moser sein humoriges Gegenstück ...‹

Der Hundefänger
(Das Gäßchen zum Paradies)

Produktion:	Deutsch-tschechoslowakische Gemeinschaftsproduktion, Moldavia-Film in Gemeinschaft mit Tobis-Cinema-Film AG, Prag, Berlin 1936
Uraufführung:	9. 11. 1936
Länge:	ca. 2050 m
Buch:	Otokar Vavra, Georg Wittuhn
Regie:	Mac Fric, W. L. Bagier (Dialogregie)
Kamera:	Ferdinand Pecenka
Musik:	E. F. Burian, Richard Ralf
Darsteller:	Hans Moser, Peter Bosse, Mady Rahl, Willi Schur, Hilde Maroff

Inhalt: Hans Moser, der Wasenmeister (Abdecker) einer kleinen Stadt, findet einen elternlosen Jungen und nimmt diesen und dessen Hund zu sich. Durch Erlebnisse mit diesen wird er ein Tierfreund und ist somit für seinen Beruf ungeeignet. Er sucht um seine Entlassung an. Ein vermögender Verleger adoptiert nun den Kleinen und gibt seinem Pflegevater Arbeit.

Kritik: ›Der Film, von dem Hans Moser sagte, daß er darin seine liebste Rolle spielte, wurde 1936 als deutsche Version der tschechoslowakischen Originalfassung in den Barran-

›Das Gäßchen zum Paradies‹ (1936). Der Film ist auch unter dem Titel ›Der Hundefänger von Wien‹ gezeigt worden.

dow-(A.B.-)Ateliers in Prag hergestellt. In einer zeitgenössischen Kritik wird dem Film jedoch nur eine kleine Handlung zugebilligt, deren ›primitive Sentimentalität aber von
einer großen Wirkung‹ ist. Hans Moser ist diskret und
menschlich, sein kleiner Partner lieb, aber diesmal sprach-
lich unzureichend. Für Anspruchslose wird dieses Werk als
guter Mittelfilm empfohlen‹.

Finale
(Die unruhigen Mädchen)

Produktion:	Intergloria-Film GmbH, Wien Österreich 1938
Drehbuch:	Ernst Marischka
Kamera:	Werner Brandes
Musik:	Franz Doelle
Regie:	Géza von Bolvary
Darsteller:	Käthe v. Nagy (Trixi), Lucie Englisch (Hedi), Ilse Werner (Hilde), Elfriede Datzig (Franzi), Hans Moser (Pedell Bröselmeier), Elfi Gerhart (Nora), Hans Holt (Fritz v. Lenk), Theo Lingen (Kurt Stegemann)

Dieser Film ist der letzte in Österreich produzierte und uraufgeführte Film vor dem Einmarsch und der Okkupation durch Hitler.

Inhalt: Maturafeier in einem Wiener Mädchengymnasium. Voll Hoffnung nehmen die Mädchen ihre Zeugnisse in Empfang und hören die Abschiedsworte ihres Direktors, der sie dazu ermahnt, auch nach der Schulzeit gute Kameradschaft zu halten und einander zu helfen.

Nachdem die fröhliche Menge der Schülerinnen und Angehörigen sich zerstreut hat, bleiben vier Mädchen zurück, Trixi, Hedi, Hilde und Franzi, die ohne Angehörige dastehen und die Lieblinge Bröselmeiers, des alten Pedells der Schule, sind. Diese vier Mädchen beschließen, um ihren Lebensunterhalt leichter zu finden und studieren zu können, sich eine gemeinsame Wohnung zu nehmen, einen gemeinsamen Haushalt zu führen, richtige Kameradinnen zu bleiben und füreinander einzustehen. Die vier Mädchen kosten nun die Schwierigkeiten des Existenzkampfes aus und würden vielleicht untergehen, wenn ihr alter Beschützer, der Pedell, sie nicht mit seinen kärglichen Mitteln unterstützen würde.

Kritik: ›Hans Moser als Pedell Bröselmeier ist wieder mal ein Lichtblick.‹

Anton der Letzte

Produktion:	Emo-Film für Wien-Film, Wien 1939
Länge:	ca. 2400 m
Drehort:	Salzburg, Schloß Kleßheim
Uraufführung:	30. 11. 1939 in Augsburg
Regie:	E. W. Emo
Buch:	Fritz Koselka
Kamera:	Karl Kurzmayer
Musik:	Heinz Sandauer
Darsteller:	Hans Moser (Anton, Kammerdiener), O. W. Fischer (Graf Willy), Elfriede Datzig (Leni Lungauer), Charlotte Ander (Baronesse Clarisse)

Inhalt: Ein Kammerdiener (Hans Moser) überschlägt sich in Tradition und Standesvorurteilen. Er kapituliert aber vor einem Baby, dem Kinde des jungen Grafen (O. W. Fischer) und der Pächterstochter (Elfriede Datzig). Am Ende hat er die Genugtuung, daß sein Herr seine eigennützige Braut laufen läßt und in die Heirat seines Sohnes einwilligt.

Kritik: ›In einer schwankhaften, erst gegen Ende ins Tragikomische abgebogenen Handlung die große Rolle für Moser, der wieder alle Register ziehen und eine seiner köstlichsten Charakterfiguren schaffen konnte. Kein Wunder, daß bis auf sein blasiert-geruhsames Pendant (Heinz Salfner) die übrigen meist nur Stichwortbringer sind. Stark pointierte Dialoge, unvordringliche Musik. Zumindest über dem Durchschnitt...‹

Mit Siegfried Breuer sr. in ›Anton der Letzte‹ (1939).

Das Ekel

Produktion: Österreich 1939
Regie: Hans Deppe
Buch: Josef Bielen und Walter Fichelscher
Musik: Franz R. Friedl
Bild: E. Klaunigk
Herstellungsleitung: W. F. Fichelscher
Darsteller: Hans Moser (K. Sträubler, Spedi-
                           teur und Weingroßhändler), Josefi-
                           ne Dora (Karoline, seine Frau),
                           Herma Relin (Leni, beider Toch-
                           ter), Josi Kleinpeter (Matthias
                           Scheibler, Weinhändler), Kurt Mei-
                           sel (Ferdinand, sein Sohn), Fritz
                           Kampers (August Weichert, Justiz-
                           oberwachtmeister), Lotte Spira
                           (Anna, seine Frau), Hans Holt
                           (Heinrich, beider Sohn), Leo Peu-
                           kert (Anton Pitzinger, Friseur), El-
                           se v. Möllendorff (Gusti, seine
                           Tochter)

Inhalt: Karl Sträubler (Hans Moser), Spediteur und Wein-
großhändler, führt ein strenges Regiment im Haus. An
allem hat er etwas auszusetzen, jeden schikaniert er, zu
jedem ist er mißtrauisch, überall wittert er Diebe. Ein
richtiger, widerborstiger Igel ist er. Um Sträublers Haus
herum ist die Straßenbahn gelegt. Aber die Straßenbahn
quietscht in der Kurve, und das bringt ihn zur Raserei. Er
überschwemmt die Behörden mit Eingaben und führt einen
erbitterten Kampf um die quietschende Straßenbahn. Dieser Kampf gefährdet sein Familienleben und bringt ihn
schließlich sogar ins Gefängnis. Ein Gnadengesuch seiner
Familie befreit ihn schließlich aus der auch für ihn lehrrei-
chen Haft.

Kritik: ›Hans Moser als ›Igel-Mensch‹, der immer seine Stacheln zeigt, aber eigentlich ein weiches Herz hat: So lieben wir ihn!‹

Wiener G'schichten

Produktion:	Wien-Film, Wien 1940
Drehort:	Wien, Atelier Rosenhügel
Länge:	ca. 2700 m
Uraufführung:	8. 8. 1940 in Berlin, 26. 8. 1940 in Wien
Regie:	Géza von Bolvary
Buch:	Ernst Marischka, Harald Bratt nach einem Originalstoff von Hans Gustl Kernmayer
Kamera:	Willy Winterstein
Musik:	Bruno Uher, H. v. Frankowsky
Darsteller:	Marte Harell (Christine Lechner), Paul Hörbiger (Ferdinand), Hans Moser (Josef), Siegfried Breuer (Egon v. Brelowsky), Oskar Sima (Stangelberger), Fritz Imhoff (Grünberger), Hedwig Bleibtreu (Baronin Neudegg)

Inhalt: Der Zahlkellner Ferdinand (Paul Hörbiger) gerät bei seiner verwitweten Chefin (Marthe Harell) in den Verdacht eines ›Pantscherls‹ mit seiner angeblichen Nichte. Darum blitzt er mit seinem Heiratsantrag ab und muß erst mit ihr konkurrent werden, bis es zum geschäftlichen und ehelichen Zusammenschluß kommt.

Kritik: ›Hans Moser und Paul Hörbiger spielen zwei Oberkellner in Wien von 1905. Beide sind grandios. In diesem Film wird aus virtuos beobachteten Einzelheiten und

Die Gesichter von Marte Harell und Hans Moser deuten an, daß ›Wiener G'schichten‹ (1940) nicht nur immer fröhlich ablaufen.

lebensechten Figuren das Urbild des Wiener Kaffeehauses geschaffen. Zahlreiche Lieder wurden in diesem Film kreiert, so u. a. das Lied ›Ja, das sind halt Wiener G'schichten‹.‹

Liebe ist zollfrei

Produktion:	Wien-Film 1941
Länge:	2620m
Dreharbeiten:	Wien, Atelier Rosenhügel, Atelier Sievering, ab. 4. 11. 1940
Uraufführung:	17. 4. 1941 Wien
Buch:	Fritz Koselka nach Motiven eines Stückes von Fritz Gottwald
Kamera:	Georg Bruckbauer, K. Lehr
Musik:	Max Niederberger, Hanns Elin
Regie:	E. W. Emo
Darsteller:	Hans Moser (Zollinspektor Lorenz Hasenhüttl), Karl Skraup, Oskar Sima, Fritz Imhoff, Josef Eichheim, Lina Frank, Susi Peter.

Inhalt: Ein Finanzminister des demokratischen Österreich will dessen Zölle ans Ausland verpachten und entschädigt sich für die ungleich verteilten Machtverhältnisse in seiner Ehe bei einer Theaterdame. Durch die Einfalt eines subalternen Zollbeamten kommt das Projekt in die Zeitung. Das Kabinett demissioniert, um tags darauf mit den gleichen Männern wieder neu gebildet zu werden.

Die Wien-Filme unter dem Einfluß von Berlin bis 1945:

Als letztes Kapitel müssen noch die Filme genannt werden, die parteipolitischen Wünschen Berlins entgegenkamen: *Leinen aus Irland* (1939), *Heimkehr* (1941), und *Wien 1910* (1943) ... Hohn und Spott über die Demokratie goß auch der Film *Liebe ist zollfrei* (1941) aus, in dem ein Zollbeamter (Hans Moser) durch seine Übereifrigkeit eine Regierungskrise auslöst. Das Buch entstand nach einem Lustspiel von Fritz Gottwald, und der groteske Ablauf der Handlung machte die Polemik erst schmackhaft.

Wiener Blut

Produktion:	Forst-Film, Wien 1942
Länge:	ca. 3000 m
Drehorte:	Wien, Atelier Rosenhügel, Sievering und Schönbrunn und Außenaufnahmen
Uraufführung:	2. 4. 1942 in Wien
Regie:	Willi Forst
Buch:	Ernst Marischka, Axel Eggebrecht, Willi Forst nach der gleichnamigen Operette von Viktor Leon und Leo Stein
Kamera:	Jan Stallich, Hans W. Schlichting, Hannes Staudinger
Musik:	Willy Schmidt-Gentner, Johann Strauß (Sohn), Wiener Philharmoniker
Darsteller:	Hans Moser (Knöpferl), Theo Lingen (Jean), Maria Holst (Melanie), Willy Fritsch (Graf Wolkersheim), Fred Liewehr (Ludwig v. Bayern), Hedwig Bleibtreu (Fürstin Auerbach), Dorit Kreysler (Liesl Stadler)

Inhalt: Wien zur Kongreßzeit. Eine Wiener Komtesse kehrt aus einem deutschen Kleinstaat heim und bringt von dort einen gräflichen Gatten mit. Während sie um seinetwillen ihr angeborenes Talent verleugnen möchte, lernt er mit einer anderen die Wiener Luft schätzen. In diese Eheverstimmung platzt dann gar der bayerische Kronprinz hinein, zieht sich aber am Ende elegant aus der Affäre.

Kritik: ›Die Synthese aus einem turbulent-urwüchsigen Buch und feinnerviger, pointenreicher Regiearbeit zeitigt, unter Verlagerung des Schwergewichtes vom Besinnlichen

zum Geräuschvollen hin, einen ungewöhnlichen Lacherfolg. Daran ist die Komikergarde, allen voran Hans Moser,
ebenso maßgeblich beteiligt, als der witzreiche und mund-
artlich anheimelnde Dialog. Es schadet wenig, daß man dem
Operettenvorwurf nur schmissige Rhythmen und fast nichts
an Handlungssubstanz entlehnte.‹

Reisebekanntschaft

Produktion:	Wien-Film GmbH, Wien 1943
Regie:	E. W. Emo
Kamera:	E. W. Fiedler
Buch:	Curt Wesse und Fritz Gottwald nach dem gleichnamigen Lustspiel von Fritz Gottwald
Musik:	Heinz Sandauer
Uraufführung:	7. 10. 1943 in Berlin
Länge:	ca. 2300 m
Darsteller:	Hans Moser (Friedolin Specht), Wolf Albach-Retty (Walter Falke), Elfriede Datzig (Elli Werner), Fritz Imhoff, Annie Rosar

Inhalt: Als passionierter, aber nicht eben besonders intelli-
genter Privatdetektiv Specht strampelt und schusselt Hans
Moser sich durch die Handlung. Er hat einen Haupttreffer
in der Lotterie gemacht, die Angestellte soll ihm das Geld in
seinen Urlaubsort am Semmering nachbringen. Aber unter-
wegs wird ihr der Koffer vertauscht. Specht vermutet sofort
Diebstahl und nimmt die Jagd auf, verursacht aber dabei
natürlich nur Wirbel und Konfusion, weil er, ohne es zu
wissen, seinen eigenen Chef jagt. Wenn sich dieser Chef
dann auch noch in die Jagd auf sich selbst einmischt, wird es
freilich etwas zu naiv-unglaubwürdig.

Kritik: ›Erstaunlich, welche Besetzung man auch für klein-
ste Rollen aufgeboten hat, erstaunlich, wie sorgfältig die

Mit Wolf Albach-Retty in ›Reisebekanntschaft‹ (1943).

Regie arbeitete. Das läßt den Film als gefällige Unterhaltung wirksam werden. Das anspruchslose Lustspiel ist eine Paraderolle für Hans Moser als schusseliger und ungeschickter Privatdetektiv auf Diebesjagd.‹

Schrammeln

Produktion: Wien-Film, Deutschland 1944
Länge: 2725 m
Dreharbeiten: 1943
Uraufführung: 3. 2. 1944
Buch: Hans Gustl Kernmayer, Ernst Ma-
                     rischka
Kamera: Günther Anders

Musik:	Willy Schmidt-Gentner, Johann Schrammel, Josef Schrammel
Regie:	Géza von Bolvary
Darsteller:	Marte Harell (Fiakermilli), Hans Holt (Josef Schrammel), Paul Hörbiger (Johann Schrammel), Hans Moser (Anton Strohmayer), Fritz Imhoff (Georg Danzer)

Inhalt: Milli Strubel schweißt die Bruder Schrammel und deren zwei Freunde zu dem berühmten Quartett zusammen und bringt, als wegen der Zuneigung des jüngeren der Brüder zu ihr deren Gemeinschaft in die Brüche zu gehen droht, der Wiener Volksmusik das größte Opfer. Sie macht sich in den Augen der Musiker schlecht und heiratet den Bierbrauer Stelzer.

Kritik: ›Man vermied hier alle Süßlichkeit und setzte an ihre Stelle spröde Sentimentalität. Auch der Versuch, Musikcharakter und Dramaturgie aufeinander abzustimmen, muß unterstrichen werden.‹

Der Hofrat Geiger

Produktion:	Forst-Film, Österreich 1947
Verleih:	Sascha
Länge:	ca. 2700 m
Regie:	Hans Wolff
Kamera:	Rudolf Icsey, Ladislaus Szemte
Musik:	Hans Lang unter Verwendung seines Liedes ›Mariandl‹
Drehbuch:	Hans Wolff, Martin Costa nach dem gleichnamigen musikalischen Lustspiel von Martin Costa und Hans Lang
Uraufführung:	19. 12. 1947 in Wien

Darsteller: Paul Hörbiger (Hofrat Geiger),
                           Hans Moser, Maria Andergast,
                           Waltraut Haas

Inhalt: Obwohl 1938 der Zeitumstände wegen in Pension
gegangen, glaubt der Hofrat Geiger (Paul Hörbiger), daß
man ihn im Amt nicht entbehren könne. Um ihm diesen
Glauben zu lasssen, versorgt ihn sein früherer Untergebener
und nunmehriger Hausdiener Lechner (Hans Moser) mit
Akten, die er in den Trümmern zerbombter Amtsgebäude –
man schreibt das Jahr 1947 – findet.

Aus einer dieser Akten erfährt der Hofrat von der
Existenz einer unehelichen Tochter, die aus einem Verhältnis entsprang, das der Hofrat in früheren Jahren in Spitz a.
d. Donau hatte. Der Hofrat will nun der Mutter zuliebe sein
Junggesellenleben aufgeben. Diese mißversteht ihn aber,
bis Zeitumstände und Paragraphengestrüpp sie doch zusam-
menführen und auch ihre Tochter unter die Haube kommt.

Kritik: ›Hörbiger und Moser, ein zugkräftiges Duo, das für
volle Kassen sorgen wird.‹

Wiener Mädeln

Produktion: Forst-Filmproduktion GmbH für
                           Wien-Film GmbH, Wien 1945/49
                           (bei Kriegsende war der Film im
                           Schnitt)
Uraufführung: 19. 8. 1949 Berlin (DDR)
                           bzw. 3. 2. 1950 BRD
Länge: 2918 m bzw. 3103 m
Drehbuch: Franz Gribitz, Willi Forst
Musik: Willy Schmidt-Gentner, Karl Paus-
                           pertl, unter Verwendung vieler
                           Melodien von Carl Michael Zieh-
                           rer, Johann Strauß und John Philip
                           Sousa. (Sovexport-Fassung: Alfred

›Wiener Mädeln‹ (1949). Willi Forst spielte in dem von ihm inszenierten Film selbst die Hauptrolle.

	Strasser, unter Verwendung vieler Melodien obengenannter Komponisten)
Kamera:	Jan Stallich
	(12. deutscher Farbfilm)
Regie:	Willi Forst
Darsteller:	Willi Forst, Hans Moser, Judith Holzmeister, Curd Jürgens, Fritz Imhoff, Harry Hardt, Hedwig Bleibtreu u. a. m.

Kritik: ›Mit dem Komponisten als Zentralgestalt führt die Handlung bekannte Figuren des Wiener Musiklebens vor, streift neben Persönlichem Zeitereignisse und steigert sich langsam zum ungemein wirksamen Abschluß: dem Wettstreit der Musikkapellen. Forst als junger Ziehrer ist immer wienerisch. Moser in einer seiner beliebten Dienerrollen ein Gewinn für diesen Film. Große Aufmachung und annehmbarer Ton . . .‹

Hallo, Dienstmann

Produktion:	Schönbrunn-Film, Wien 1952
Verleih:	International
Länge:	ca. 2800 m
Regie:	Franz Antel
Produktionsleiter:	Karl Hofer
Kamera:	Hans Theyer
Musik:	Hans Lang
Buch:	Rudolf Österreicher, Lilian Belmont nach einer Idee von Paul Hörbiger
Uraufführung:	18. 1. 1952 in Salzburg
Darsteller:	Hans Moser, Paul Hörbiger, Maria Andergast, Waltraut Haas, Harry Fuß, Annie Rosar, Susi Nicoletti, Richard Eybner

Inhalt: Ein als Dienstmann maskierter Musikprofessor (Paul Hörbiger) geht nach einem Maskenfest noch auf einen Drink und wird dabei von einem ›Kollegen‹ (Hans Moser) zu einer Arbeit geholt. Sie sollen beide Gepäckstücke in die Wohnung einer jungen Dame bringen (Maria Andergast), die dem Professor später als neues Mitglied des Lehrkörpers entgegentritt. Der Sohn des Dienstmannes verliebt sich in eine Schülerin der Akademie; die geschiedene Frau des Professors läßt sich als Studentin einschreiben. Trotzdem kommt es zu einem glücklichen Ende.

Kritik: ›... und wieder ist es das Duo Hörbiger/Moser, das die Zuschauer zum Lachen bringt.‹

Opernball
Frei nach der gleichnamigen Operette von Richard Heuberger.

Kamera:	Herbert Geier
Musikal. Leitung:	Anton Profes
Produktion, Drehbuch und Regie:	Ernst Marischka
Uraufführung:	1956
Darsteller:	Josef Meinrad (Paul Hollinger), Sonja Ziemann (seine Frau Helene), Johannes Heesters (Georg Dannhauser), Herta Feiler (Frau Dannhauser), Adrian Hoven (Richard Stelzer), Rudolf Vogel (Eduard v. Lamberg), Fita Benkhoff (seine Frau), Theo Lingen (Philipp, der Diener bei Dannhauser), Hans Moser (Anton Hatschek, Oberkellner)

Inhalt: Rund um eine der berühmten Opernredouten des alten Wien ergeben sich heitere Verwicklungen und Verwirrungen. Ehemänner beschwindeln ihre Frauem, um allein auf den Opernball gehen zu können, werden aber von den Gattinnen durchschaut und überlistet. Infolge des Maskenzwanges ergeben sich dann turbulente Verwechslungen, die bei der Entdeckung Empörung und sogar Duelldrohungen zur Folge haben. Da aber jeder auch ein klein wenig mitschuldig ist und weil man es ja schließlich mit einer Operette zu tun hat, beendet eine allgemeine Versöhnung die diversen Schwindeleien.

Kritik: ›In guten Farben mit sehr dekorativen Bildern vom festlichen Opernball wird diese heitere Geschichte in Anlehnung an die gleichnamige Operette von Heuberger dargeboten. Leider wird der Humor hauptsächlich aus abfälligen Bemerkungen über die Ehe bezogen. Die Darstellung ist gelungen, vor allem Josef Meinrad und Hans Moser sind von bezwingender Komik.‹

Ober, zahlen

Produktion:	ÖFA-Schönbrunn-Film, Österreich 1957
Verleih:	International
Kamera:	Sepp Riff
Musik:	Hans Lang
Buch:	Hugo Wiener, August Rieger, Jutta Bornemann
Länge:	ca. 2600 m
Uraufführung:	27. 6. 1957 in Stuttgart
Regie:	E. W. Emo
Darsteller:	Hans Moser, Paul Hörbiger, Michael Cramer, Mady Rahl, L. Englisch

Inhalt: Zwei Ober arbeiten in einem nicht mehr gut gehenden Kaffeehaus herkömmlicher Tradition. Einer von ihnen (Paul Hörbiger) kauft im Namen und mit Geld der Frau (Lucie Englisch) seines Kollegen (Hans Moser), die ohne Wissen ihres Mannes zu Geld gekommen ist, die eine Front des Kaffeehauses, um daraus ein Espresso zu machen. Inzwischen hat jedoch dieser Kollege heimlich den restlichen Teil des Lokals für die Braut (Mady Rahl) des ersteren gekauft. Nachdem sie danach kräftig in Konkurrenz gemacht haben, werden zum guten Ende sämtliche Mißverständnisse aufgeklärt.

Kritik: ›Das Duo Moser/Hörbiger ist in altbewährter Manie ein Knüller.‹

Herrn Josefs letzte Liebe

Produktion:	Rex/Schönbrunn, Deutschland 1958
Länge:	2456 m
Uraufführung:	1958 (28. 3. 1959, Wien)
Buch:	Peter Loos, Hans Moser
Musik:	Peter Kreuder
Regie:	Hermann Kugelstadt
Darsteller:	Hans Moser, Wolf Albach-Retty, Adrienne Gessner, Gerlinde Lokker, Lucie Englisch, Ernst Waldbrunn, Wondra und der Hund ›Bärli‹

Inhalt: Ein Herrschaftsdiener, den sein verwitweter ›junger Herr‹ als Freund behandelt, seine Schwester aber nicht mag, bringt einen Hund ins Haus, dessen Entfernung letztere durchsetzt, worauf der alte Mann aus dem Leben scheiden will, aber gerettet wird und sein Herr die Tochter des Portiers heiratet.

Kritik: ›Die anrührende Geschichte eines alten Dieners und seiner späten Liebe zu einem zugelaufenen Hund. Hans Moser trägt durch sein Eingehen auf den Ton des Wiener Gemütsstückes im Charakter des alten Volksschauspielers das meiste zu diesem ... Film bei.‹

Drei Liebesbriefe aus Tirol

Produktion:	Delta-Produktion der Wiener Stadthalle/Bavaria-Film, Österreich 1962
Drehbuch:	Kurt Nachmann
Kamera:	Hanns Matula
Musik:	Erwin Halletz
Regie:	Werner Jacobs

Darsteller:	Ann Smyrner (Linda Borg), Trude Herr (Isolde Fürchtenich), Udo Jürgens (Martin Hinterkirchner), Hans Moser (Großvater Hinter- kirchner), Annie Rosar (Cesarina Zwanziger), Hans Richter (Peter Zwanziger), Paul Hörbiger (Dr. Kajetan)

Inhalt: Weil ein junger Musiker anscheinend nicht weiß, daß heute Pfeifen auch Beifall bedeuten kann, glaubt er, daß seine Komposition bei einem Schlagerwettbewerb in der Wiener Stadthalle durchgefallen sei und zieht sich in sein Tiroler Heimatdorf zurück. Dort zieht sein Großvater die Fäden der Handlung weiter, indem er unter dem Namen seines Enkels einer hübschen Schlagersängerin glühende Verehrerbriefe schreibt, worauf sich diese in das Dorf begibt, in den jungen Mann verliebt und schließlich auch seinem Schlager zum echten, unmißverständlichen Erfolg verhilft.

Kritik: ›Für wirklichen Humor sorgt, in einigen Szenen von Paul Hörbiger und Annie Rosar gut assistiert, allerdings nur Hans Moser.‹

Kaiser Joseph und die Bahnwärterstochter

Produktion:	Filmco-Filmproduktionsgesell- schaft mbH, Österreich 1963
Verleih:	Sascha-Film
Länge:	2280 m (84 Min.)
Drehbuch:	Rüdiger v. Schmeidl
Musik:	Bert Breit
Kamera:	Walter Heinzel
Regie:	Axel Corti

Mit Ann Smyrner in ›Drei Liebesbriefe aus Tirol‹ (1962). Das reizvolle Ferienland Tirol und die Musikstadt Wien sind die Schauplätze einer mit tausend Takten erzählten Liebesgeschichte.

Darsteller: Inge Konradi (Innocentia Zwölf-
axinger), Hans Moser (Franz
Zwölfaxinger), Hans Holt (Kaiser
Joseph II.), Franz Muxeneder
(Franz Teuxelsieder), Paula Pfluger
(Leopoldine Gackermeier), Ri-
chard Eybner (Bänkelsänger),
Egon Jordan (Orpheus, Graf Wum-
sprandt)

Inhalt: Fritz Herzmanovsky-Orlandos gleichnamige Paro-
die auf Kaiser, Hof und erwachende Technik in Form der
Dampfeisenbahn, seinerzeit im Wiener Akademietheater
aufgeführt, wurde nunmehr für Kinobesucher und Fernse-
her gefilmt. Allerdings ist der dramaturgische Einfall recht
dünn und reicht höchstens für ein Kabarett. In einem
verschlafenen Wärterhäuschen in den Anfangszeiten der
Eisenbahn pflegt der Bahnwärter mehr der Wilderei zu
obliegen als seinem Dienst. Eines Tages macht ein Salonwa-
gen mit dem Kaiser hier Station. Die resolute Tochter
versieht den Dienst, weil ihr Vater mit den anderen Bahnan-
gestellten wieder auf der Jagd ist. Da ein italienischer
Attentäter einen Anschlag auf den Kaiser verübt, der aber
von einem jungen Bahnarbeiter verhindert wird, verzeiht
der Monarch die Wilderei, erhebt das Mädchen und den
Bräutigam, der ihn gerettet hat, in den Adelsstand und
verleiht dem Vater einen Orden.

Kritik: ›Hans Moser als Bahnwärter Zwölfaxinger ist zum
Um-den-Hals-Fallen urig-komisch-goldig.‹

Verzeichnis
von Mosers Theaterrollen

Da keine genauen Aufzeichnungen über die Anfänge und Provinzjahre vorhanden sind und man daher auf die mündliche Überlieferung, besonders seiner Schwester, angewiesen ist, kann ein Verzeichnis über Hans Mosers Schauspielrollen nur lückenhaft sein.

	Christopherl in ›Einen Jux will er sich machen‹	Provinz
	Schufterle in ›Die Räuber‹	Provinz
	Zwirn in ›Lumpazivagabundus‹	Provinz
1902	*Lehrjunge Poldl* in ›Die Deutschmeister sind da‹.	Th. i. d. Josefstadt
1903	*Nellys Bruder* in ›Seine Kammerjungfer‹	Th. i. d. Josefstadt
	Graf Serafin Stauffen in ›Edelfäule‹	Th. i. d. Josefstadt
	Hermann Casimir in ›Der Marquis von Keith‹	Th. i. d. Josefstadt
	Casimir Laridel in ›Der unnatürliche Sohn‹	Th. i. d. Josefstadt
	Hilaris in ›Lumpazivagabundus‹	Th. i. d. Josefstadt
	Minister Zwergeklein in ›Rübezahl am Zaubersee‹	Th. i. d. Josefstadt
	Ein Groom in ›Die Lügenbrücke‹	Th. i. d. Josefstadt
	Dritter Arbeiter in ›Crainquebille‹	Th. i. d. Josefstadt

1904 *Lyzeumschüler*
Kirchbaumer in
›Herzogin Crevette‹   Th. i. d. Josefstadt

Ein Kellner in
›Der Revisor‹   Th. i. d. Josefstadt

Alfred Wagner in
›Arche Noah‹   Th. i. d. Josefstadt

Spitz, Kind der
Vintschgauerin in
›Karrnerleut‹   Th. i. d. Josefstadt

Ein jüngerer Klubherr in
›Wo ist Durand‹   Th. i. d. Josefstadt

Ein Großer des Reiches in
›Der kleine Märchenhans‹ Th. i. d. Josefstadt

1905 *Soliman Pascha* in
›Der keusche Kasimir‹   Th. i. d. Josefstadt

August in
›Der gestiefelte Kater‹   Th. i. d. Josefstadt

Finanzminister in
›Der Prinzgemahl‹   Th. i. d. Josefstadt

Ein Groom in
›Herkulespillen‹   Th. i. d. Josefstadt

Leutnant Desmouliers in
›Die Dame von
Nummer 23‹   Th. i. d. Josefstadt

1906 *Erster Dienstmann* in
›Der Schusterbub‹   Th. i. d. Josefstadt

August, Knappe in
›Klein Däumling‹   Th. i. d. Josefstadt

Der heitere Freund in
›Zum großen Wurstel‹   Th. i. d. Josefstadt

Mohammed in
›Prinzenerziehung‹   Th. i. d. Josefstadt

Zeitungsmelder
Moritz Goldfaden in
›Er und seine Schwester‹ Th. i. d. Josefstadt

Depeschenträger Emil in
›Das kleine Postfräulein‹ Th. i. d. Josefstadt

Kellner Authime in
›Florette und Patapon‹ Th. i. d. Josefstadt

1907 *Kapitän Baudricourt* in
›Die Einquartierung‹ Th. i. d. Josefstadt

Cynesis in
›Lysistrata‹ (von Donnay) Th. i. d. Josefstadt

nach
1920 *Hausmeisterin* in
›Die Vorlesung
bei der Hausmeisterin‹ Kabarett

Dienstmann Kabarett

Hausmeister
vom ›Siebener Haus‹ Kabarett

Krankenkassenpatient Kabarett

1922 *Titelrolle* in
›Der Herr Verteidiger‹ Renaissancetheater

1923 *Pompefunébre* in
›Wien gib acht‹
Ronacher
Regie: Farkas

Titelrolle in
›Tartarin aus Tarascon‹ Hernalser Arena

Hauptrolle in
›Alte Sünden‹ Café Reklame

1924 *Kammerdiener Penicek* in   Regie: H. Marischka
›Gräfin Mariza‹   Th. a. d. Wien

Protkollführer Delikat   Regie: Farkas
in ›Frau Lohengrin‹   Neue Wiener Bühne

1925 *Billeteur und*
Logenschließer Prinz   Regie: H. Marischka
in ›Der Orlow‹   Th. a. d. Wien

Titelrolle in
›Der Herr Amtsdiener‹   ›Die Hölle‹

Warenhausdiener Martin   Regie: Reinhardt
in ›Riviera‹   Th. i. d. Josefstadt

Fürwitz im ›Salzburger   Regie: Reinhardt
großen Welttheater‹   Salzburger Festspiele

1926 *Oberkellner Pelikan* in   Regie: H. Marischka
›Die Zirkusprinzessin‹   Th. a. d. Wien

Bolschintzow in ›Natalie‹
(Ein Monat auf dem   Regie: Schmith
Lande)   Th. i. d. Josefstadt

Bandit Hasenörl in
›Alles und Nichts‹
(Träume   Regie: Kalbeck
von Schale und Kern)   Th. i. d. Josefstadt

Hausknecht in   Regie: Hock
›Christinas Heimreise‹   Th. i. d. Josefstadt

Joseph Borge in   Regie: Kalbeck
›Zürich zur Schule‹   Th. i. d. Josefstadt

Carl Zeternik in   Regie: Sassmann
›Der Igel‹   Th. i. d. Josefstadt

Herr Knox in   Regie: Geyer
›Fannys erstes Stück‹   Th. i. d. Josefstadt

Ossip in	Regie: Schmith
›Der Revisor‹	Th. i. d. Josefstadt
Minister Tartaglia in	Regie: Reinhardt
›Turandot‹	Salzburger Festspiele
Aufwärter in	
›Ein Diener zweier	Regie: Reinhardt
Herren‹	Salzburger Festspiele
Doktor Löwenstamm in	Regie: Beer
›Veronika‹	Volkstheater

1927	*Johann* in ›Öster-	Regie: Hock
	reichische Komödie‹	Th. i. d. Josefstadt
	Herr Timinion in	Regie: Herm. Thimig
	›Schwarz und Weiß‹	Th. i. d. Josefstadt
	König Philipp in	
	›Don-Carlos-Parodie‹	Th. i. d. Josefstadt
	Diener Vinzenz in	Regie: Reinhardt
	›Der Schwierige‹	Th. i. d. Josefstadt
	Zimmerkellner in	Regie: Reinhardt
	›Der gute Kamerad‹	Th. i. d. Josefstadt
	Polizeikommissär in	Regie: Reinhardt
	›Peripherie‹	Th. i. d. Josefstadt
	Isak Cohen in	Regie: Stärk
	›Dreimal Hochzeit‹	Th. i. d. Josefstadt
	Ben, ein Vagabund in	
	›Nr. 17‹	Kammerspiele
	Zettel in	Regie: Reinhardt
	›Ein Sommernachtstraum‹	Salzburger Festspiele

1928	*Inspizient Jimmy* in	Regie: Reinhardt
	›Artisten‹	Th. i. d. Josefstadt
		gastiert a. d. Wien

1929	*Der alte Kernthaler* in ›Der Gemeine‹	Regie: Kalbeck Th. i. d. Josefstadt
	Oberkellner Schindler in ›Die Sachertorte‹	Regie: Preminger N. Wr. Schauspielhaus
	Gefängnisdirektor in ›Lumpenparadies‹	N. Wr. Schauspielhaus
	Frosch in ›Die Fledermaus‹	Regie: Reinhardt Salzburger Festspiele

1930	*Crassus* in ›Der Kaiser von Amerika‹	Regie: Reinhardt Th. i. d. Josefstadt
	Reißnagel in ›Das Konto X‹	Regie: Hans Thimig Th. i. d. Josefstadt
	Ober in ›Die Reise nach Preßburg‹	Regie: Geyer Th. i. d. Josefstadt
	Landesgerichtsrat in ›Das rote Tuch‹	Regie: Preminger N. Wr. Schauspielhaus

1931	*Zauberkönig* in ›Geschichten aus dem Wienerwald‹ Pariser Platz 13	Regie: Hilpert Dtsch. Theater Berlin

1932	*Greißler Seiberl* in ›Essig und Öl‹	Regie: Preminger Kammerspiele
	Dr. Samuel Rosenfeld in ›Die Prinzessin auf der Erbse‹	Regie: Huttig Kammerspiele
	Herschkowitsch in ›Die Braut von Torozko‹	Regie: Preminger Th. i. d. Josefstadt
	Ovide Bourrachon in ›Wie man Vater wird‹	Regie: Kalbeck Th. i. d. Josefstadt

*›Die schöne Helena‹ (1932) – eine Max-Reinhardt-Inszenierung der be-
rühmten Offenbach-Operette im ›Theater am Kurfürstendamm‹ in Berlin
(mit Jarmila Novotna).*

Eine Max-Reinhardt-Inszenierung im ›Theater am Kurfürstendamm‹ (1932):
›Die schöne Helena‹ von Jacques Offenbach.

Menelaos in	Regie: Reinhardt
›Die schöne Helena‹	Dtsch. Theater Berlin
Bärenschmidt in	Regie: Preminger
›Auslandsreise‹	Th. i. d. Josefstadt

1933	*Alois Stangel* in ›Ende schlecht, alles gut	Regie: Preminger Th. i. d. Josefstadt
	Bubenyk in ›Die Liebe des jungen Nosty‹	Regie: Preminger Th. i. d. Josefstadt
	Svatek in ›Das Glück des Jaro Svatek‹	Regie: Jahn Volkstheater
	Detektiv Föderl in ›Eine Saison in Karlsbad‹	Regie: Frank Volkstheater
	Ofenheizer in ›Der junge Baron Neuhaus‹	Regie: Jahn Volkstheater

Vicki Baum schrieb das Theaterstück ›Pariser Platz 13‹. Unter der Regie von Gustaf Gründgens spielten Lili Darrest und Hans Moser in der Uraufführung in den Kammerspielen des ›Deutschen Theaters‹ (1931).

1934 *Kaliwoda* in ›Mehr als Liebe‹	Regie: Preminger Th. i. d. Josefstadt
Major Petkoff in ›Helden‹	Regie: Geyer Th. i. d. Josefstadt
Melchior in ›Einen Jux will er sich machen‹	Regie: Preminger Th. i. d. Josefstadt
1935 *Karl Swoboda* in ›Kleines Bezirksgericht‹	Regie: Preminger Th. i. d. Josefstadt
Konditor Alois Mucha in ›Viel Liebe, wenig Geld‹	Regie: Jahn Volkstheater
1936 *Gabriel* in ›Mein Sohn, der Minister‹	Regie: Geyer Volkstheater
1938 *Probstein* in ›Wie es euch gefällt‹	Regie: Hilpert Th. i. d. Josefstadt
1939 *Fortunatus Wurzel* in ›Der Bauer als Millionär‹	Regie: Hilpert Th. i. d. Josefstadt
1946 *Hauptrolle* in ›Der wahre Jakob‹	Regie: Imhoff Raimund-Theater
1947 *Zeus* in ›Orpheus in der Unterwelt‹	Regie: Forst Volksoper
1952 *Gabriel* in ›Mein Sohn, der Minister‹	Regie: Manker Th. i. d. Josefstadt
1954 *Der alte Weiring* in ›Liebelei‹	Regie: Lothar Akademietheater
1955 *Der alte Herr Kanzleirat* (siehe: 1930 ›Das rote Tuch‹)	Regie: Marischka Dtsch. Th. München

1956 *Kritzenberger* in
›In Ewigkeit Amen‹   Buenos Aires
In ›Weekend im Paradies‹   Buenos Aires

1961 *Flickschuster Pfriem* in   Regie: Ambesser
›Höllenangst‹   Th. i. d. Josefstadt

Das Hohe Alter in   Regie: Steinböck
›Der Bauer als Millionär‹   Salzburger Festspiele

1962 *Oberkellner Pelikan* in   Regie: A. Pichler
›Die Zirkusprinzessin‹   Volksoper

1963 *Logenschließer Prinz* in
›Der Orlow‹   Volksoper
Polizeikonzipient in   Regie: Meisel
›Liliom‹   Th. a. d. Wien

Die wichtigsten Filme,
in denen Hans Moser auftrat

I. Stummfilme

1921 Kleider machen Leute

1924 Die Stadt ohne Juden

1925 Das Spielzeug aus Paris

1928 Die Lamplgasse
Der Feldherrnhügel

II. Tonfilme

1930	Geld auf der Straße	Regie: Georg Jacoby
	Liebling der Götter	Regie: Hanns Schwarz
1931	Der verjüngte Adolar	Regie: Georg Jacoby
	Ehe	Regie: Franz Wenzler
	Man braucht kein Geld	Regie: Carl Boese
1933	Liebelei	Regie: Max Ophüls
	Leise flehen meine Lieder	Regie: Willi Forst
	Madame wünscht keine	
	Kinder	Regie: Hans Steinhof
1934	Der junge Baron Neuhaus	Regie: Gustav Ucicky
	Die Töchter ihrer	
	Exzellenz	Regie: R. Schünzel
	Frasquita	Regie: Carl Lamac
	Hohe Schule	Regie: Erich Engel

Oben: ›Man braucht kein Geld‹ (1931) – ob man das Hans Moser angesichts dieses Gesichtsausdrucks glauben kann?

Unten: Hans Moser mit Dinah Grace in ›Hohe Schule‹ (1934).

Karneval und Liebe	Regie: Carl Lamac
Maskerade	Regie: Willi Forst
Polenblut	Regie: Carl Lamac
Vorstadtvarieté	Regie: Ernst Neubach

Mit Angela Salloker und Rudolf Forster in ›Hohe Schule‹ (1934).

Oben: ›Familie Schimek‹ (1935).

Unten: Wer fühlt sich schon im Gefängnis wohl? Hans Moser in ›Familie Schimek‹ (1935).

1935 Buchhalter Schnabel
(Ein junger Herr aus
Oxford)   Regie: Hübler-Kahla
Der Himmel auf Erden   Regie: E. W. Emo
Die Fahrt in die Jugend   Regie: E. W. Emo
Die ganze Welt
dreh sich um Liebe   Regie: V. Tourjansky
Endstation   Regie: E. W. Emo
Eva   Regie: Joh. Riemann

›Winternachtstraum‹ *(1935) hieß der Film, in dem Hans Moser hier neben
Magda Schneider und Richard Romanowsky zu sehen ist.*

„Winternachtstraum"

Als ›große Lachkavalkade‹ wurde der Film ›Himmel auf Erden‹ (1935) an-gepriesen. In der Mitte Hermann Thimig.

Familie Schimek	Regie: E. W. Emo
Frühjahrsparade	Regie: Géza v. Bolvary
Knox und die lustigen Vagabunden	Regie: E. W. Emo
Nur ein Komödiant	Regie: Erich Engel
Winternachtstraum	Regie: Géza v. Bolvary

159

1936 Alles für Veronika   Regie: Veit Harlan

Burgtheater   Regie: Willi Forst

Das Gäßchen zum
Paradies   Regie: Max Fric

Hannerl und ihre
Liebhaber   Regie: W. Hochbaum

Konfetti   Regie: H. Marischka

Schabernack   Regie: E. W. Emo

Ungeküßt soll man nicht
schlafen gehn   Regie: E. W. Emo

In ›Der Bauer als Millionär‹ spielte Hans Moser eine seiner liebsten Rollen. Hier eine Aufführung des ›Deutschen Theaters‹ in Berlin (1938) mit Gerda Maurus und Erika Frey.

In ›13 Stühle‹ (1938) setzten sich Hans Moser und Heinz Rühmann zwischen alle Stühle.

1937 Der Mann, von dem man
spricht   Regie: E. W. Emo
Die Fledermaus   Regie: Paul Verhoeven
                       Hans H. Zerlett
                       (künstl. Oberleitung)

Die glücklichste Ehe der
Welt   Regie: K. H. Martin
Unentschuldigte Stunde Regie: E. W. Emo
Die verschwundene Frau Regie: E. W. Emo
Mein Sohn, der Herr
Minister   Regie: Veit Harlan
Mutterlied   Regie: Carmine Gallone

1938 Die unruhigen Mädchen   Regie: Géza v. Bolvary
13 Stühle   Regie: E. W. Emo
Immer, wenn ich
glücklich bin   Regie: Carl Lamac
Kleines Bezirksgericht   Regie: Dr. Alwin Elling

Marta Eggerth hält mit Hilfe von Hans Moser die Tür zu – und das in ›Immer, wenn ich glücklich bin‹ (1938).

Drei, die Millionen Kinofreunde begeisterten: Hans Moser, Paul Hörbiger und Theo Lingen, hier in ›Immer, wenn ich glücklich bin‹ (1938).

1939 Anton der Letzte   Regie: E. W. Emo
      Das Ekel   Regie: Hans Deppe
      Liebe streng verboten   Regie: Heinz Helbig
      Menschen vom Varieté   Regie: Josef v. Baki
      Opernball   Regie: Géza v. Bolvary

1940 Der Herr im Haus   Regie: Heinz Helbig
      Der ungetreue Eckehart Regie: H. Marischka
      Meine Tochter lebt in
      Wien   Regie: E. W. Emo
      Rosen in Tirol   Regie: Géza v. Bolvary
      Sieben Jahre Pech   Regie: Ernst Marischka
      Wiener Geschichten   Regie: Géza v. Bolvary

Oben: In der Napoleon-Pose zeigt Hans Moser in ›Der Herr im Haus‹ (1940), wer wirklich die Hosen an hat.

Links: In ›Der Herr im Haus‹ (1940) mit Elise Aulinger.

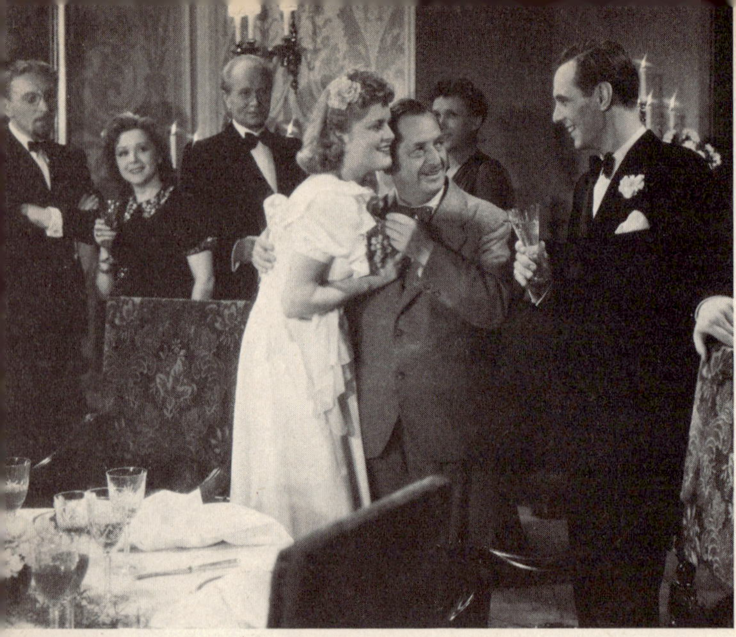

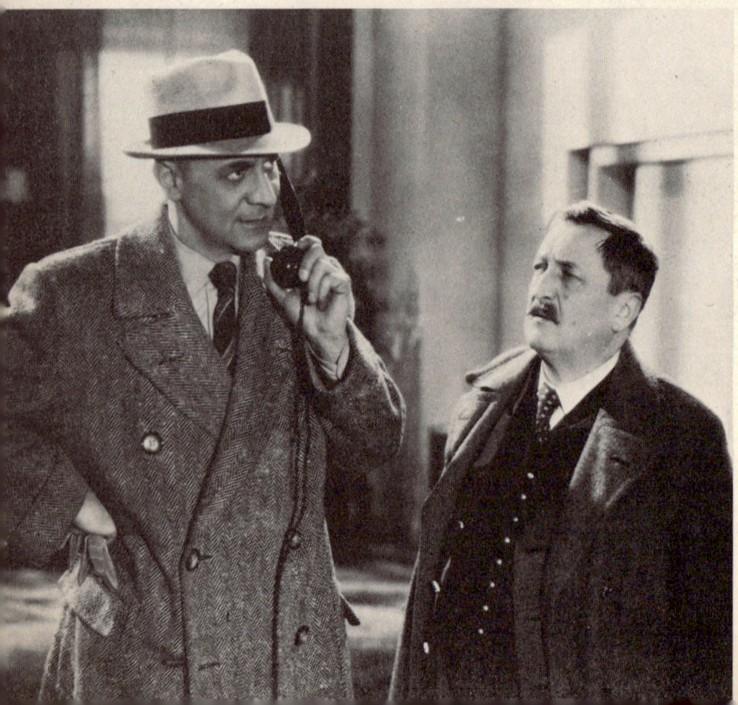

Oben: Der Vater ist entrüstet: mit Dorit Kreysler in ›Meine Tochter lebt in Wien‹ (1940).
Links oben: ›Der ungetreue Eckehart‹ (1940). Unter anderen waren Hans Mosers Partner Theo Lingen, Lucie Englisch, Ethel Reschke und Rudi Godden.
Links unten: ›Meine Tochter lebt in Wien‹ (1940). Hans Moser möchte hier Hans Olden auf die Schliche kommen.

1941 Liebe ist zollfrei   Regie: E. W. Emo
      Wir bitten zum Tanz   Regie: H. Marischka

Oben: Diesen Tanzlehrer hätten sich viele gewünscht: Hans Moser in ›Wir bitten zum Tanz‹ (1941). In der Reihe Elfie Mayerhofer und Hans Holt.

Unten: Mit (v. l. n. r.) Paul Hörbiger, Elfie Mayerhofer, Hans Holt in ›Wir bitten zum Tanz‹ (1941).

Als väterlicher Tröster mußte sich Hans Moser in dem Film ›Wir bitten zum Tanz‹ (1941) bewähren. Vorn Elfie Mayerhofer.

1942 Einmal der liebe
Herrgott sein   Regie: Hans Zerlett
Maske in Blau   Regie: Paul Martin
Sieben Jahre Glück   Regie: Ernst Marischka
Wiener Blut   Regie: Willi Forst

Oben: Wer so von schönen Frauen eingerahmt ist, muß es haben: ›Sieben Jahre Glück‹ (1942). Links Elly Parvo, rechts Rio Nobile.

Unten: ›Sieben Jahre Glück‹ (1942) winken hier (v. l. n. r.) Hannelore Schroth, Theo Lingen, Wolf Albach-Retty und Hans Moser.

Mit Annie Rosar betätigt sich hier Hans Moser in der Küche: ›Schwarz auf Weiß‹ (1943).

1943 Abenteuer im Grandhotel   Regie: Ernst Marischka
      Das Ferienkind   Regie: Karl Leiter
      Karneval der Liebe   Regie: Paul Martin
      Reisebekanntschaft   Regie: E. W. Emo
      Schwarz auf weiß   Regie: E. W. Emo

1944 Schrammeln   Regie: Géza v. Bolvary

1945 Geld ins Haus   Regie: R. A. Stemmle
      (Der Millionär)

1947 Die Welt dreht sich
      verkehrt   Regie: Hübler/Kahla
      Der Hofrat Geiger   Regie: Hans Wolff

1948 Das singende Haus   Regie: Franz Antel
      Der Herr Kanzleirat   Regie: H. Marischka

Oben: ›Einmal der liebe Herrgott sein‹ (1947) – wer möchte das nicht? Als Lohndiener Karl Gschandtner glaubt Hans Moser bei der Schauspielschülerin Irene von Meyendorff Schicksal spielen zu müssen.

Rechts oben: In dem Film: ›Der Herr Kanzleirat‹ (1948) spielte Hans Moser einen Landgerichtsrat, der als verknöcherter Junggeselle sehr wenig von Frauen hält. Rechts Fritz Imhoff.

Rechts unten: Mit Susi Nicoletti in ›Das singende Haus‹ (1948).

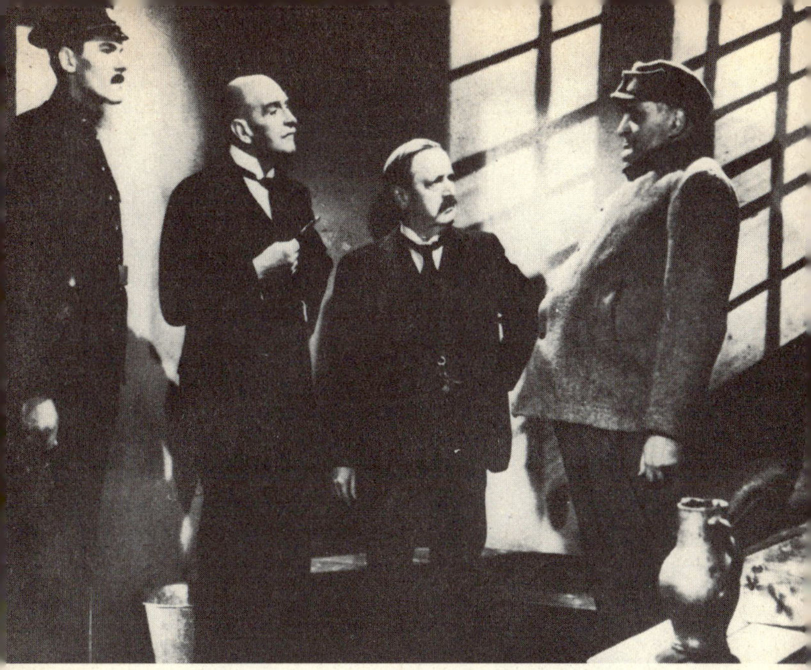

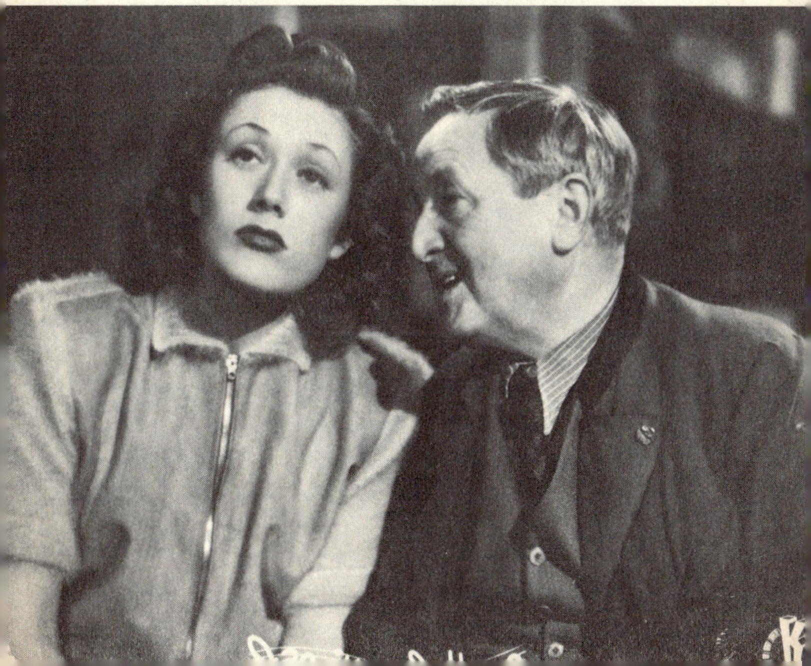

1949 1 – 2 – 3 – aus!	Regie: Hübler/Kahla
Um eine Nasenlänge	Regie: E. W. Emo
Wiener Mädeln	Regie: Willi Forst
1950 Der Theodor im	
Fußballtor	Regie: E. W. Emo
Es liegt was in der Luft	Regie: E. W. Emo
Es schlägt dreizehn	Regie: E. W. Emo
Küssen ist keine Sünd	Regie: H. Marischka

Rechts oben: Mit Erika von Thellmann in ›Küssen ist keine Sünd'‹ (1950).
Rechts unten: Im Gefolge von Georg Thomalla wird Hans Moser in ›Der Onkel aus Amerika‹ (1952) von der Dienerschaft hofiert.
Unten: ›Jetzt schlägt's 13‹ (1951). Den Sekt, den hier Hans Moser und Theo Lingen (Mitte) servieren, trinken (v. l. n. r.) Susi Nicoletti, Josef Meinrad, Walter Müller und Eva Leitner.

Küssen ist keine Sünd

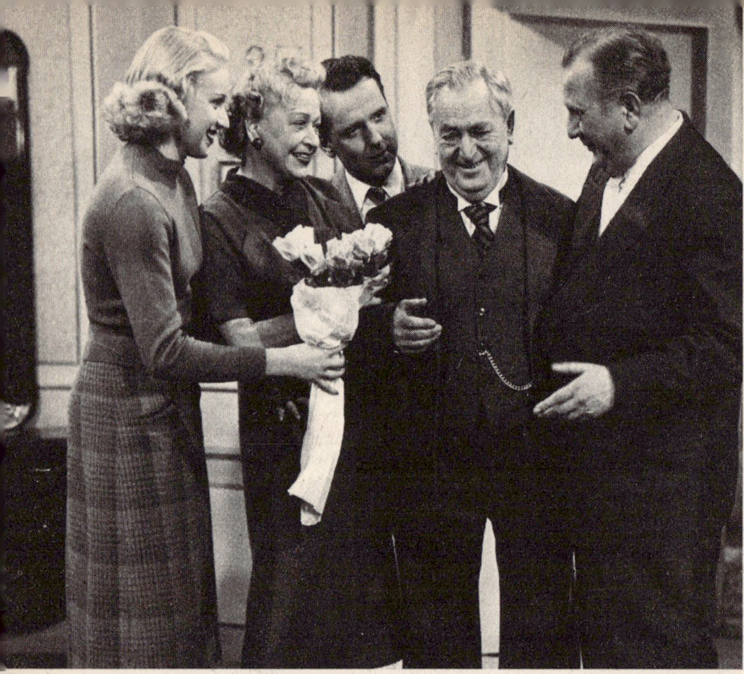

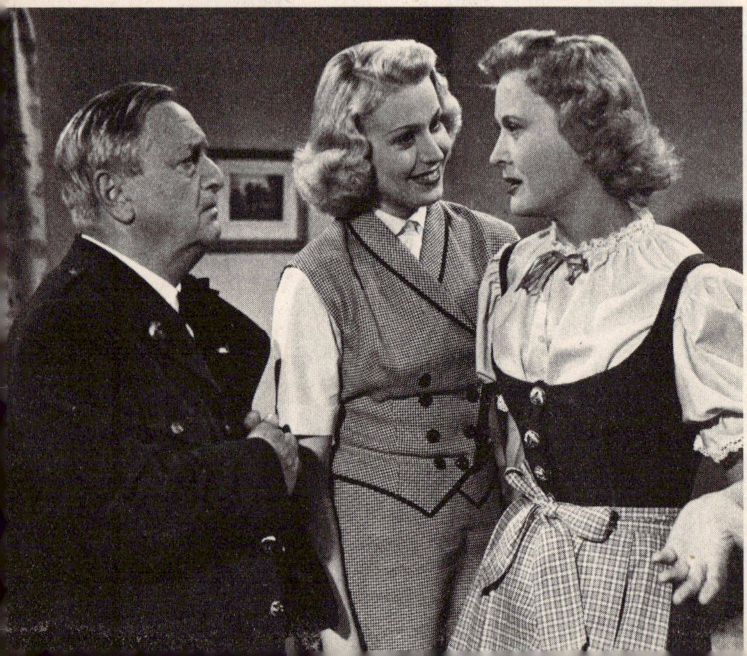

Oben: Hans Moser in ›Du bist die Rose vom Wörthersee‹ (1952).
Links oben: ›Der Onkel aus Amerika‹ (1952) bot Hans Moser eine Rolle, in der er ›seinem Affen Zucker geben konnte‹. In der Mitte Grethe Weiser und Georg Thomalla.
Links unten: ›Du bist die Rose vom Wörthersee‹ (1952) scheint hier Hans Moser zu Waltraud Haas (l.) und Marte Harell nicht zu sagen.

1951	Zwei in einem Auto	Regie: Ernst Marischka
1952	Hallo, Dienstmann!	Regie: Franz Antel
	Schäm dich, Brigitte	Regie: E. W. Emo
	1. April 2000	Regie: W. Liebeneiner
	Du bist die Rose vom Wörthersee	Regie: H. Marischka
	Der Onkel aus Amerika	Regie: Carl Boese

1953	Hollandmädel	Regie: Hübler/Kahla
	Einen Jux will er sich machen	Regie: G. Marischka
1954	Kaisermanöver	Regie: Franz Antel
	Verliebte Leute	Regie: Franz Antel
1955	Ja, ja, die Liebe in Tirol	Regie: Géza v. Bolvary
	Die drei von der Tankstelle	Regie: Hans Wolff
	Ehesanatorium	Regie: Franz Antel
	Die Deutschmeister	Regie: Ernst Marischka
	Der Kongreß tanzt	Regie: Franz Antel

Rechts oben: Zwei, die sich anscheinend nicht leiden können – Paul Henckels und Hans Moser in ›Hollandmädel‹ (1953).
Unten: ›Hollandmädel‹ (1953). Von l. n. r.: Carsta Löck, Paul Henckels und Grethe Weiser.

Unten: ›Ja, ja, die Liebe in Tirol‹ (1955). Sehr viel scheint Hans Moser von dieser Vergnügungsart nicht zu halten. Links Gerhard Riedmann.

Oben: Eine Bittschaft möchte er überbringen: Hans Moser in ›Der Kongreß tanzt‹ (1955).
Rechts oben: Hertha Feiler war Hans Mosers Partnerin in ›Solange noch die Rosen blüh'n‹ (1956).
Rechts unten: Mit Annie Rosar in ›Solange noch die Rosen blüh'n‹ (1956).

1956	Symphonie in Gold	Regie: Franz Antel
	Ein Herz und eine Seele	Regie: Max Nosseck
	Opernball	Regie: Ernst Marischka
	Kaiserball	Regie: Franz Antel
	Roter Mohn	Regie: Franz Antel
	Lumpazivagabundus	Regie: Franz Antel
	Meine Tante – Deine Tante	Regie: Carl Boese
	Solange noch die Rosen blühn	Regie: Hans Deppe

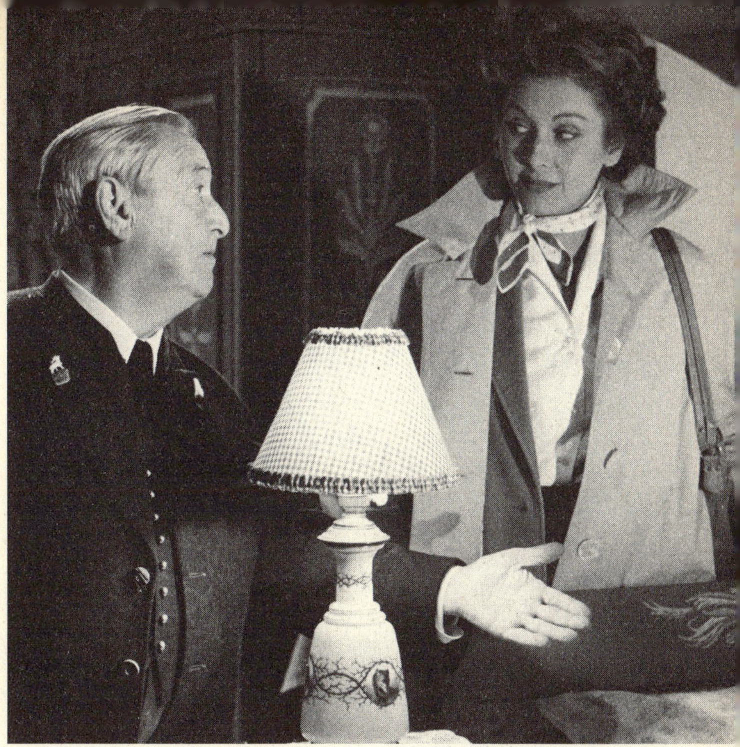

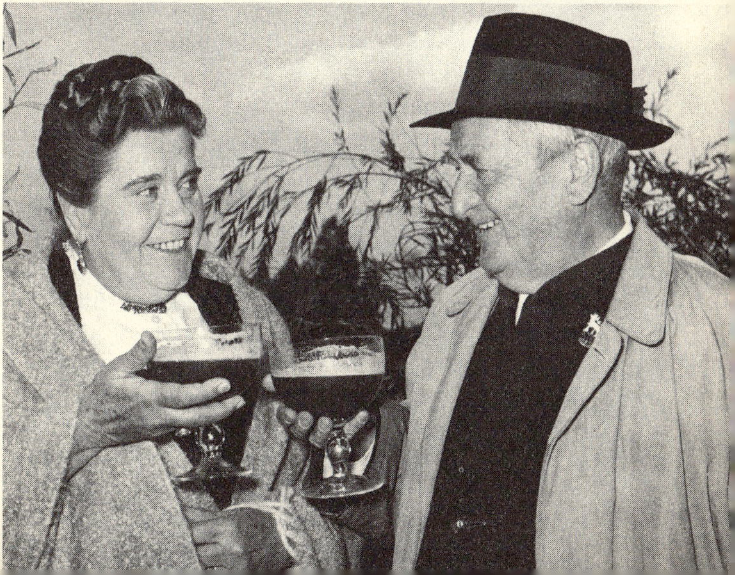

Oben: Mit Gundula Korte in ›Roter Mohn‹ (1956).
Rechts oben: In ›Roter Mohn‹ (1956) hat Hans Moser wieder einmal die Nase voll.
Rechts unten: Die Neuverfilmung von ›Lumpazivagabundus‹ (1956) zeigte Hans Moser mit Joachim Fuchsberger und Waltraud Haas.

1957 Die Zwillinge
vom Zillertal Regie: Harald Reinl
Heute blau und morgen
blau Regie: Harald Philipp
Ober, zahlen Regie: E. W. Emo
Vier Mädel aus der
Wachau Regie: Franz Antel
Die unentschuldigte
Stunde Regie: Willi Forst
Die Lindenwirtin vom
Donaustrand Regie: Hans Quest

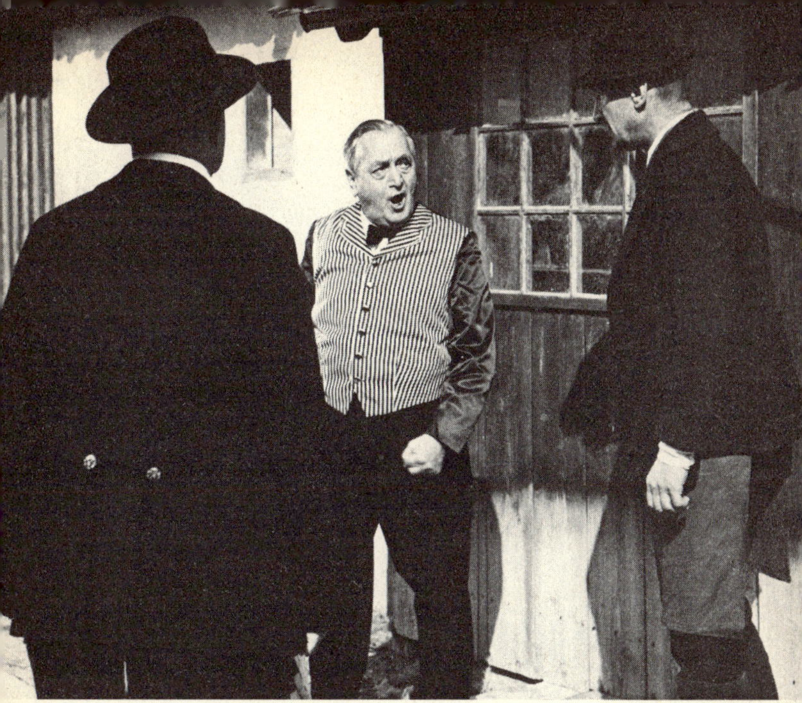

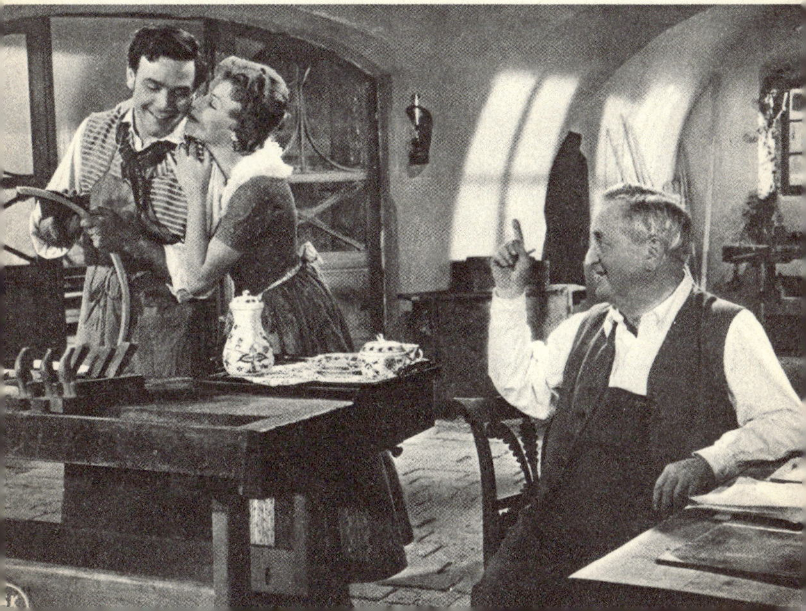

Oben: Mit Josef Meinrad in ›Die unentschuldigte Stunde‹ (1957).
Rechts oben: Was hat Hans Moser hier Rudolf Schock wohl ins Ohr zu flü-
stern? Die Operettenverfilmung ›Gräfin Mariza‹ (1958).
Rechts unten: Ein Service am Bett: Hans Moser und Lucie Englisch servieren
Christine Görner das Frühstück in ›Gräfin Mariza‹ (1958).

1958 Hallo, Taxi   Regie: H. Kugelstadt
       Zirkuskinder   Regie: Franz Antel
       Ooh – diese Ferien   Regie: Franz Antel
       Der Sündenbock von
       Spatzenhausen   Regie: H. v. Fredersdorf
       Gräfin Mariza   Regie: R. Schündler
       Herrn Josefs letzte Liebe   Regie: H. Kugelstadt

Gräfin
MARIZA

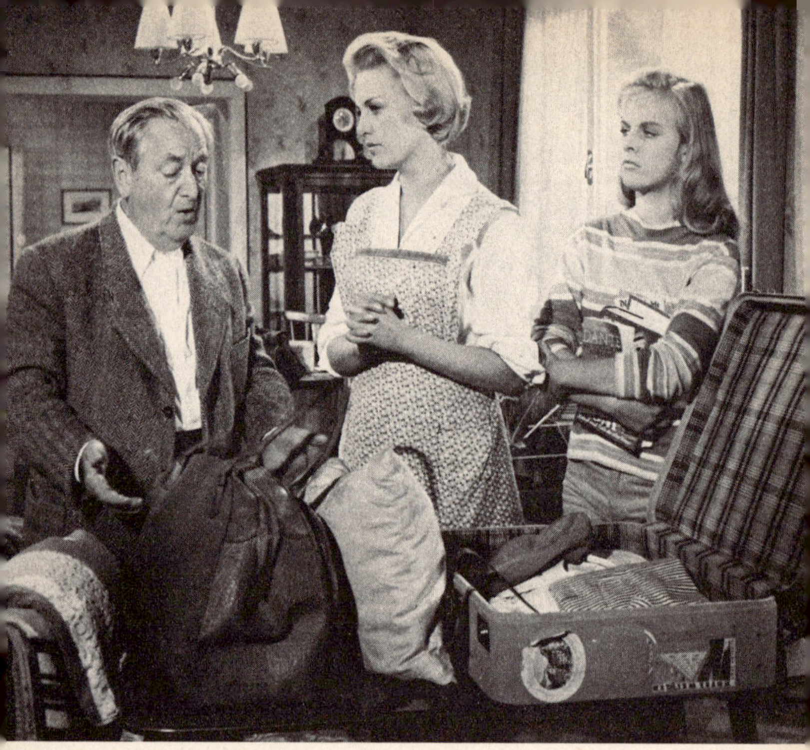

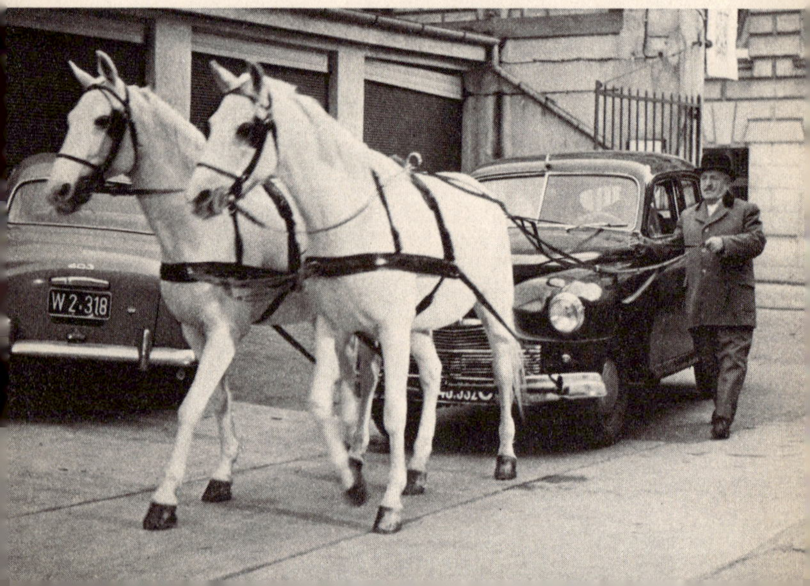
W 2·318

Oben: ›Die schöne Lügnerin‹ (1959) war Romy Schneider.
Links oben: Mit Hannelore Bollmann und Heidi Brühl in ›Ooh, diese Ferien‹
(1958).
Links unten: ›Hallo, Taxi!‹ (1958).

›Kaiser Josef und die Bahnwärterstochter‹ (1963).

1959	Die schöne Lügnerin	Regie: Axel v. Ambesser
1961	Und du, mein Schatz, bleibst hier	Regie: Franz Antel
	Mariandl	Regie: Werner Jacobs
	Der Bauer als Millionär	Regie: Dr. Alfred Stöger
1962	Der verkaufte Großvater	Regie: Hans Albin
	Die Fledermaus	Regie: Géza v. Cziffra
	Drei Liebesbriefe aus Tirol	Regie: Werner Jacobs
	Mariandls Heimkehr	Regie: Werner Jacobs
1963	Kaiser Joseph und die Bahnwärterstochter	Regie: Axel Corti

Register